KB243671

규방, 손끝의 아름다움

규방, 손끝의 아름다움

이정수 지음

이담 Books

수업시간은 늘 저마다 자기 사는 이야기로 시끌벅적 합니다.

어느날 조용히 작품에만 전념하던 한 분이

문득 이런 질문을 합니다.

"불가에서는 옷깃만 스쳐도 인연이라는데

우리는 전생에 어떤 인연이었을까요?"

그러자 한쪽에서 "침방나인이었을 거예요" 하더군요.

그래서 저는 "나는 상궁?" 했더니

다른 한쪽에서

"아니요. 선생님은 맨 막내 나인이었을 거예요.

만날 혼나고 심부름하는 게 한이 맺혀서 선생님이 된 거예요."

하더군요.

순간 미소가 지어지며 행복하다는 생각을 했습니다.

내가 하고 싶은 일을 하며 좋은 사람들을 만나,

배우는 즐거움을 보고, 가르치는 기쁨을 느끼고,

그렇게 정해진 시간이 지나면

저마다 헤어지는 것이 아쉬운 사람들….

처음 규방공예를 접했을 때가 생각납니다.
한복을 전공한 저는 연관된 연구를 하고 싶은 마음이 있었고
박사논문 주제를 잡지 못하던 저에게 조각보는 충격이었습니다.
"한복만큼이나 아름답구나."
그리고 논문의 목표를 정하게 되었습니다.
크기, 모양, 색깔이 다른 작은 조각들이 모여 아름다운 조화를 이루는 것은
서로 다른 개성을 가진 사람들이 조화를 이루어 사는 모습과 같습니다.

조선시대 여인들의 생활양식이 규방으로 제한된 사회적 배경에서 탄생한 공예를
규방공예라 합니다. 작품에서 보이는 바늘땀은 당시 여인들의 고된 삶이
승화되어 세계 어디서도 볼 수 없는 아름다움이 담겨 있습니다.

제 별명은 백야시(帛冶施)입니다. 경상도에서는 무엇이든 다 잘하는 여자를 가리
키는 말이라고 하지요? 이는 '비단 대장장이가 베푼다'는 뜻으로, 제자들이 붙여
준 별명입니다. 아름다운 별명에 책임의 무게도 무겁지만 이에 힘입어 규방공예
를 널리 알리고 계승, 발전시키는 일에 더욱 앞장서고자 합니다.

서양의 퀼트보다 훨씬 아름다운 우리 규방공예가 더욱 대중화되길 소망하면서
이 책을 씁니다.

지자의 말

규방공예를 좋아하는 사람들이 만나 바느질을 하면서 작품을 만들고 담소를 나누는 시간은 정서적·심리적 안정을 찾는 시간입니다. 서로 살아온 이야기를 주고받으며, 삶의 지혜를 나누고, 다과를 즐기며 바느질을 합니다.

수업을 하는 동안 교재의 절실함을 느껴 집필을 결심했습니다. 규방공예를 처음 시작하는 사람들이 쉽게 다가갈 수 있도록 하고, 또 배워 본 사람들에게도 기억을 되새기는 데 도움을 주고 싶습니다. 도식화는 표현의 한계가 있기 때문에 만드는 각 과정은 사진을 찍어 자세히 설명하였고, 작품에 들어가기에 앞서 유래와 용도 등을 덧붙여 규방공예에 대한 이해를 도왔습니다.

조각보와 퀼트는 자투리천을 활용한다는 점에서 유사성이 있으나 퀼트는 세계적으로 대중화되고 서적도 풍부한 반면 우리 규방문화의 하나인 조각보는 그렇지 못한 실정이 아쉽습니다. 규방공예가 우리 생활에 자리 잡을 수 있는 계기가 되길 바라며 이 책을 출간하였습니다.

끝으로 책이 출간되기까지 많은 관심을 가져준 제자들에게 고마움을 전합니다. 그리고 항상 힘이 되어주는 가족들에게 사랑의 마음을 전합니다.

이정수

목차

基礎

第1章
처음 그리고 간절함 … 29

第2章
복을 부르는 마음 … 55

第3章
복을 담고 싶은 마음 … 83

第4章
복을 받은 아기씨 … 103

第5章
아씨 작품 세상 … 133

바느질 도구

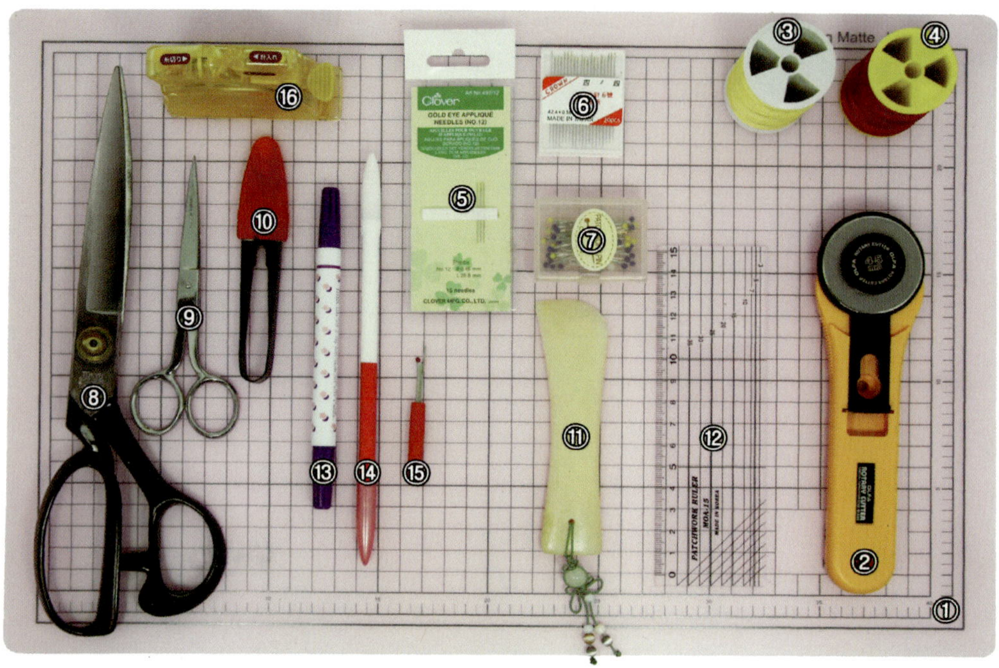

① **커팅매트:** 뼈인두로 완성선을 표시하거나 천을 마름질할 때 사용한다.

② **커터칼(Rotary Cutter):** 천을 마름질할때 사용하면 편리하다.

③ **견봉사:** 견직물을 바느질할 때 사용한다.

④ **지누사:** 세 땀 상침, 사뜨기, 술을 만들 때 사용하며 견봉사보다 굵다.

⑤ **바늘:** 감침질을 할때 사용하며 clover 제품의 아플리케 바늘을 사용하는 것이 좋다.

⑥ **바늘:** 바늘은 굵기에 따라 1~12호수로 나뉘며 6~9호가 적당하다.

　　　손바늘은 호수가 클수록 가늘고, 재봉바늘은 호수가 클수록 굵어진다.

⑦ **시침핀:** 옷감을 고정할 때 사용한다.

⑧ **재단가위:** 옷감을 자르거나 베는데 사용하는 것으로 주로 240~280mm크기를 주로 사용한다.

⑨ **종이가위:** 본을 그린 종이를 자를 때 사용한다.

⑩ **쪽가위:** 실을 자르거나 잔손질을 사용한 때 사용한다.

　　　가위는 용도에 따라 재단가위, 쪽가위, 종이가위로 나뉘며 반드시 구별해서 사용해야 한다.

⑪ **뼈인두:** 재단주걱 이라고도 불리며 완성선을 표시할 때 사용한다.

⑫ **시접자:** 일정한 시접을 주기위해 사용한다.

⑬ **기화펜:** 선을 그릴 때 사용하며 하루정도 지나면 그린 선이 날아가며 뜨거운 열이 가해지면 더욱 짙어진다.

⑭ **초크:** 석회와 파라핀을 섞어 만들며 선을 그릴 때 사용한다.

⑮ **실뜯개:** 바느질을 뜯을 경우에 사용하며 리퍼라고도 한다.

⑯ **실끼우는 기계:** 바늘에 실을 편리하게 끼울 수 있다.

1. 바늘에 실 걸기와 매듭짓기

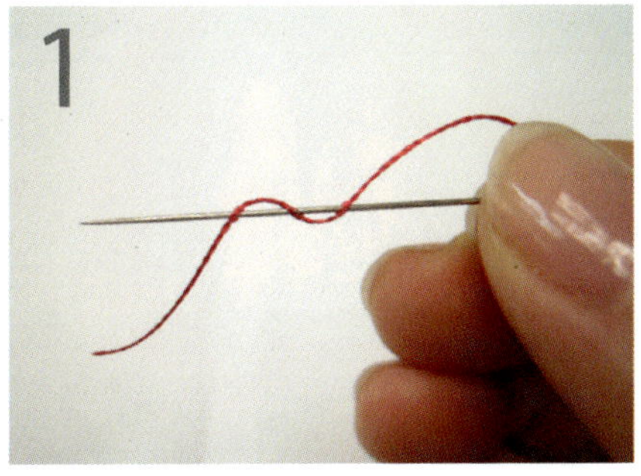

바늘에 실 걸기

실 끝의 3~4cm 부분을 바늘 끝으로 세 번 뜨고
실을 바늘귀 방향으로 당겨 걸어준다.

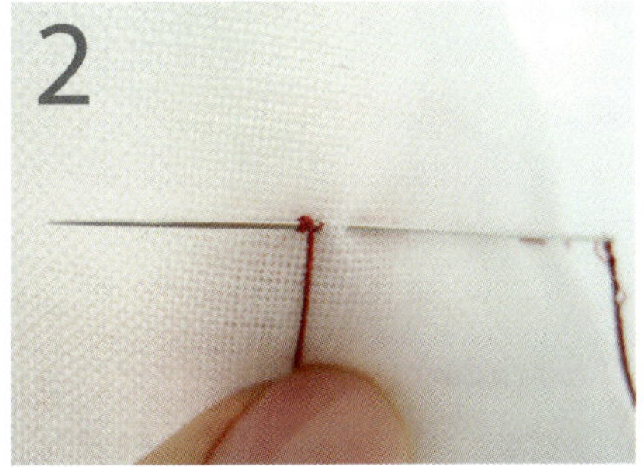

매듭짓기

바늘에 실을 두 번 돌리고 엄지로 실을 누른 뒤
바늘을 잡아당긴다.

2. 홈질

홈질은 가장 기본이 되는 손바느질 법으로 바늘땀이 앞뒤 같은 모양으로 나타나며 땀의 간
격에 따라 일반 홈질과 고운 홈질로 나뉜다.

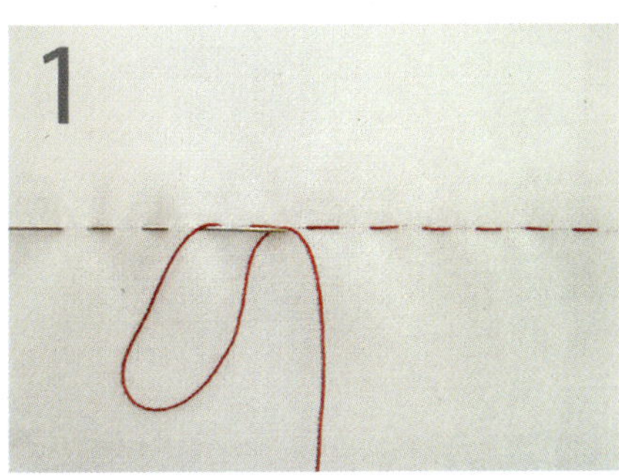

일반 홈질

일반적으로 많이 이용하는 바느질법이며 앞뒤 땀
의 간격과 너비가 0.3cm 내외이다.

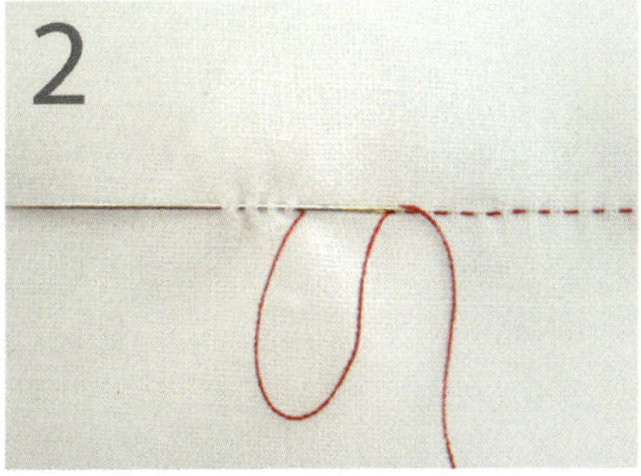

고운 홈질

땀의 크기가 0.1cm로 아주 고우며, 얇은 옷감이나
곡선부분을 바느질할 때 사용한다.

3. 시침질

옷감이 두 겹 이상 겹쳤을 때 밀리지 않고, 박음질이나 공그르기 전에 고정시킬 목적으로
사용한다. 용도에 따라 일반시침과 어슷시침으로 나뉜다.

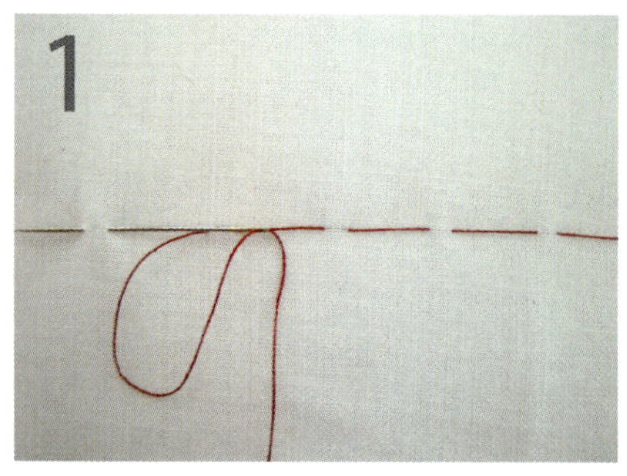

일반시침

홈질과 비슷하며 바늘땀의 길이는 2~3cm로 하
고 바늘땀의 간격은 0.5~1cm로 한다. 앞뒤의 감
이 어긋나지 않도록 바느질한다.

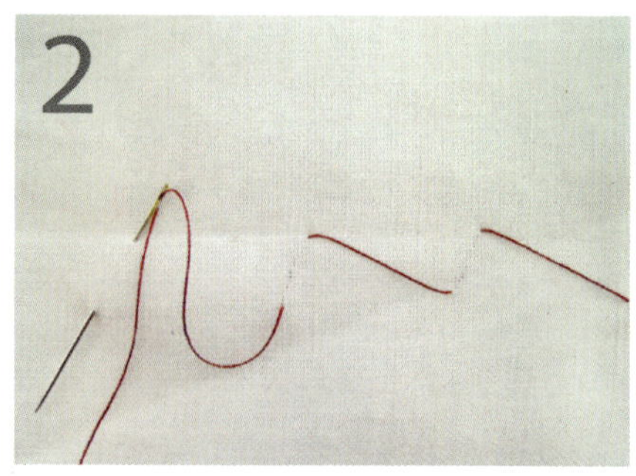

어슷시침

실을 비스듬히 사선으로 시침하는 방법으로 고정
시키는 힘이 강해 겉감에 심감을 고정시킬 때 주
로 사용한다.

4. 박음질

솔기를 튼튼히 바느질하기 위해 바늘땀을 뒤로 되돌아 뜨는 바느질로서 재봉틀 바느질과 가
장 유사한 방법이다. 되돌아 뜨는 방법에 따라 온박음질(온당침)과 반박음질(반당침)이 있다.

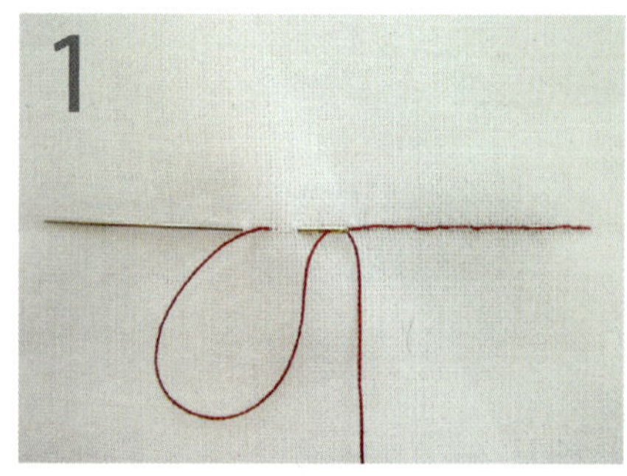

온박음질(온당침)

온박음질은 사진과 같이 한 땀의 크기만큼을 완
전히 뒤로 되돌아 뜨는 것으로 옷감의 겉에서 보
면 재봉틀로 박은 것과 같은 선이 나타난다. 튼튼
하게 꿰매어야 할 부분에 이용된다.

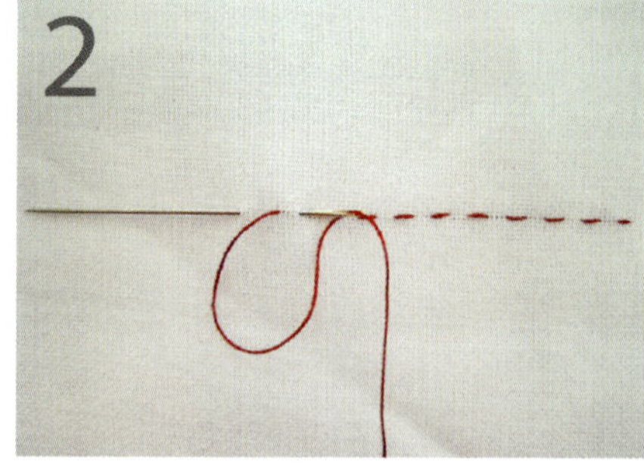

반박음질(반당침)

반박음질은 한 땀 크기의 반만큼을 뒤로 되돌아
뜨는 것으로 겉에서 보기에는 홈질과 같은 형태
이다.

5. 감침질

조각보와 규방공예를 만들 때 가장 많이 사용되는 바느질법으로 골무, 바늘꽂이, 색동주머니를 만들 때 조각천의 안과 안을 마주 대고 겉에서 바느질할 때 이용된다. 이때 바늘땀은 0.1cm 간격과 0.1cm 깊이로 바느질하는 것이 가장 예쁘며 실은 옷감과 대비되는 색상을 택하여 바늘땀이 눈에 띄어야 장식효과를 볼 수 있다.

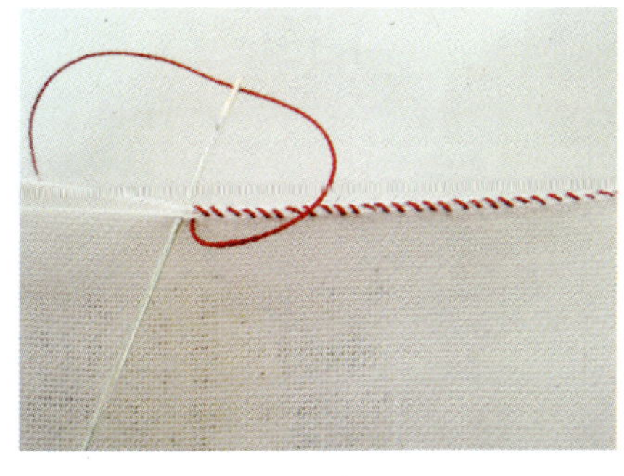

6. 공그르기

단을 정리하거나 도련을 꿰맬 때 많이 사용하며, 실이 겉으로 나오지 않게 속으로 떠서 꿰매는 바느질 방법이다.

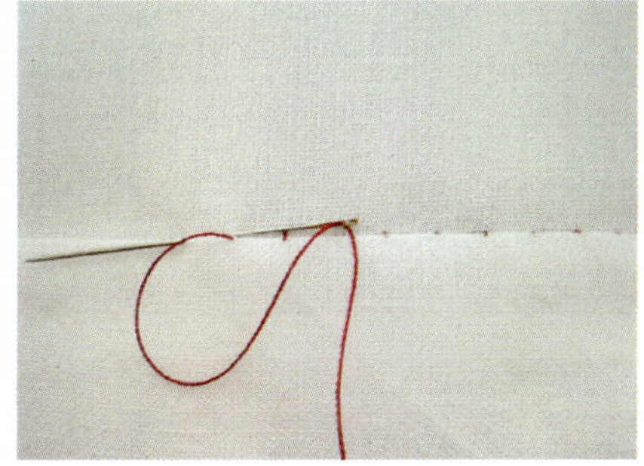

7. 상침

한 번 박은 바느질선 위를 박음질하는 방법이다. 상침한 바느질선이 볼록하게 살아야 더욱 예쁘므로 지누사를 사용하고 수를 놓듯이 바늘을 수직으로 꽂아 내리고 밑에서도 수직으로 올려야 한다. 주로 귀주머니나 보자기의 귀, 깃 가장자리, 끝동, 어린이옷, 방석에 사용하며 바늘땀의 수에 따라 세 땀 상침, 두 땀 상침으로 나뉜다.

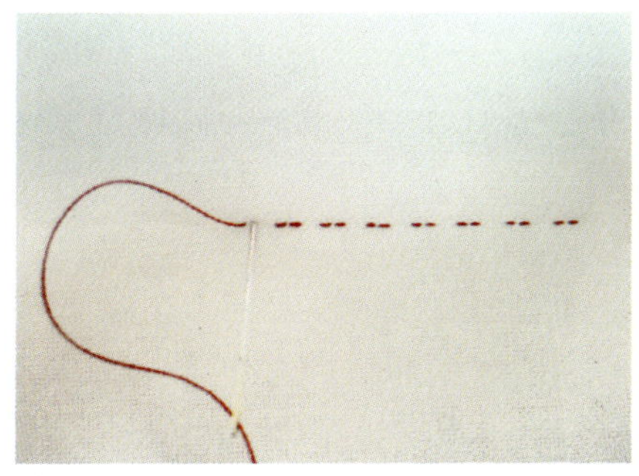

두 땀 상침

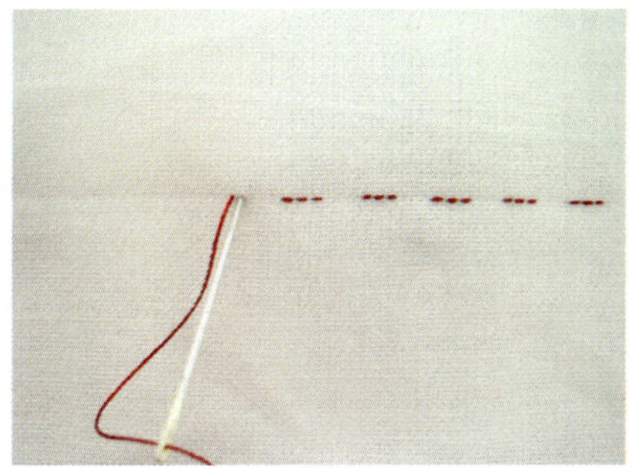

세 땀 상침

8. 새발뜨기

주로 두꺼운 옷감의 단이나 시접처리에 사용
되며, 모든 바느질법의 방향은 오른쪽에서
왼쪽으로 진행되는데 새발뜨기는 왼쪽에서
오른쪽 방향으로 바느질하게 된다. 새발뜨기
는 주로 서양복에 사용되는 기법이나 한복에
서 안깃을 손바느질할 때 사용된다.

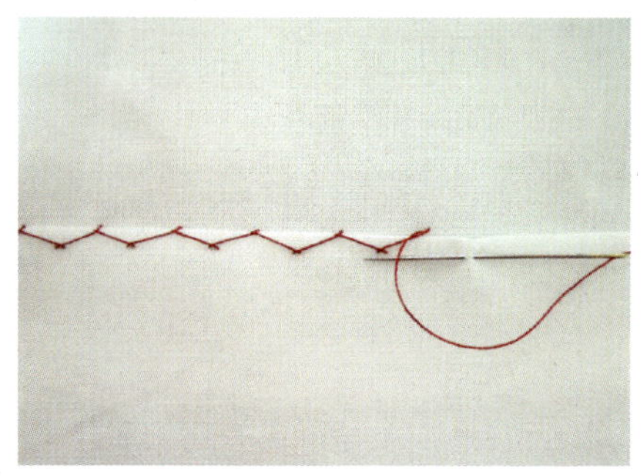

9. 사뜨기

사뜨기는 골무, 바늘겨레, 가위집, 실패, 수저집 등 규방공예의 가장자리를 마무리하는 데
많이 사용되는 바느질법이다. 사뜨기는 양끝이 마무리된 것을 합칠 때 쓰는 방법으로, 사진
과 같이 처음 시작은 실이 겹치지 않게 다섯 번 감아주고 사뜨기를 시작해야 아랫부분이 보
이지 않는다. 사뜨기는 머리 땋은 모습과 유사하여 장식을 목적으로 이용하고 실은 지누사
를 사용한다.

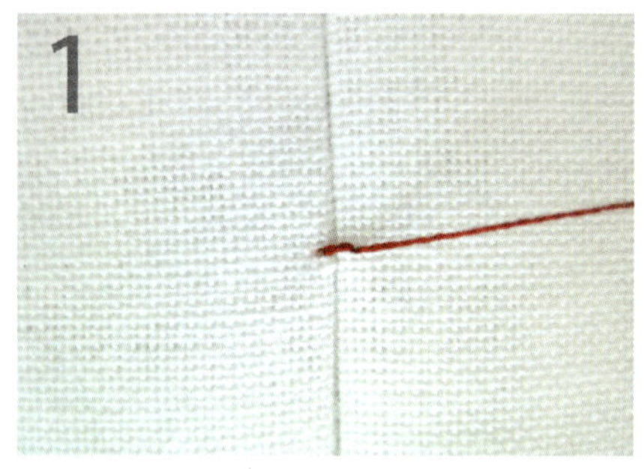

지누사를 한 번 감아준다. 그 위로 실이 겹치지
않게 네 번을 더 감아준다.

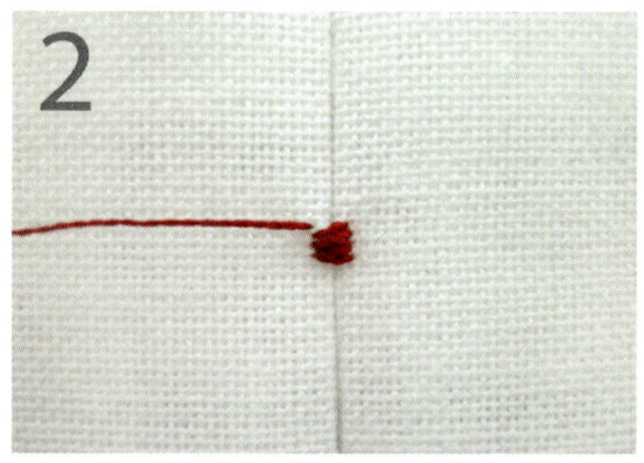

다섯 번을 다 감아준다.

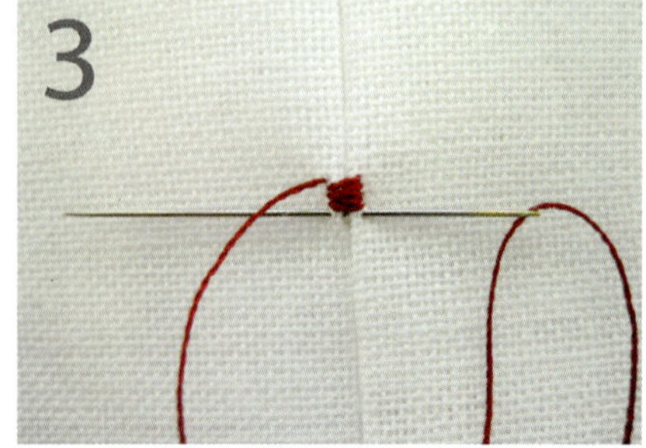

처음 감아주기 시작한 땀 바로 아래를 떠준다.

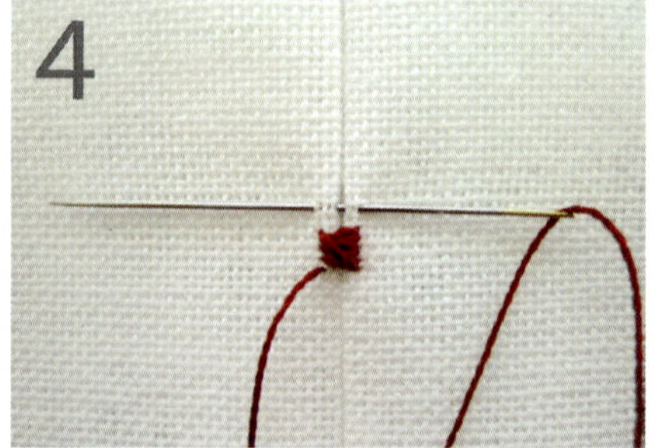

실을 끝까지 당기고 0.7cm 위를 떠준다.

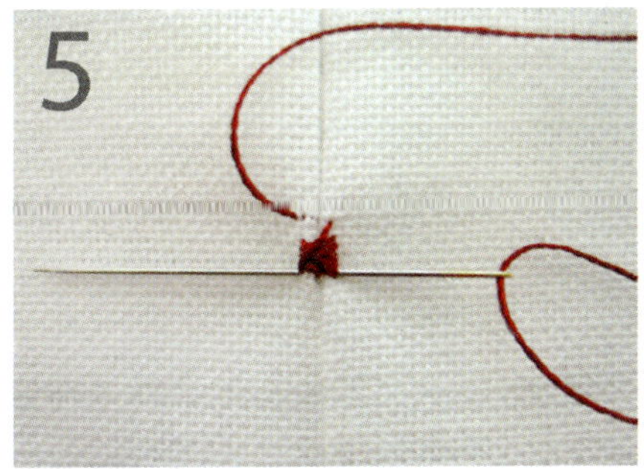

실을 끝까지 당기고 다시 아래를 떠준다.

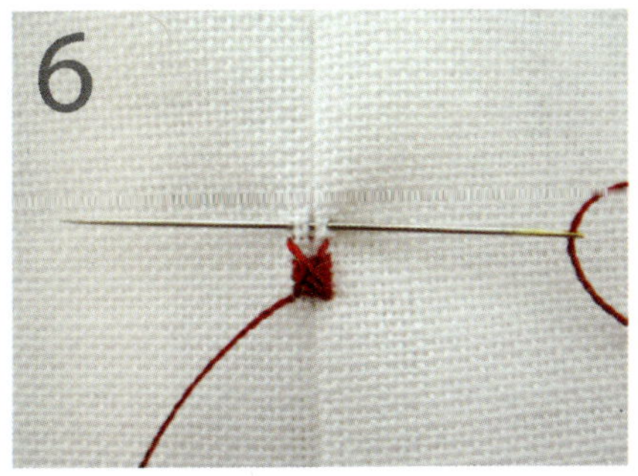

실을 끝까지 당기고 처음 0.7cm 올린 바늘땀보다 1mm 위를 떠준다.

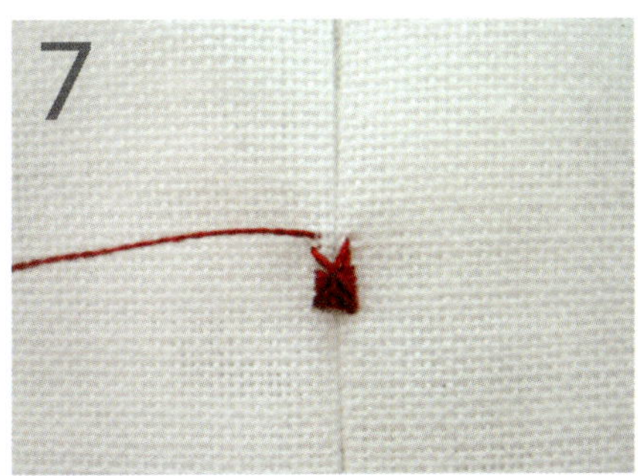

실을 끝까지 당긴다.

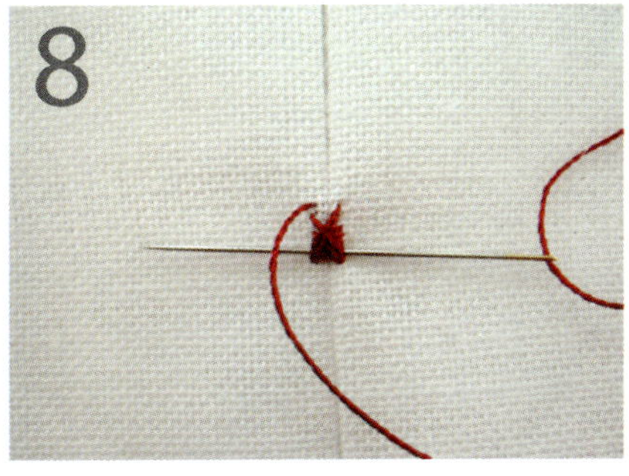

바늘땀은 아래 처음 땀보다 1mm 위를 떠준다.

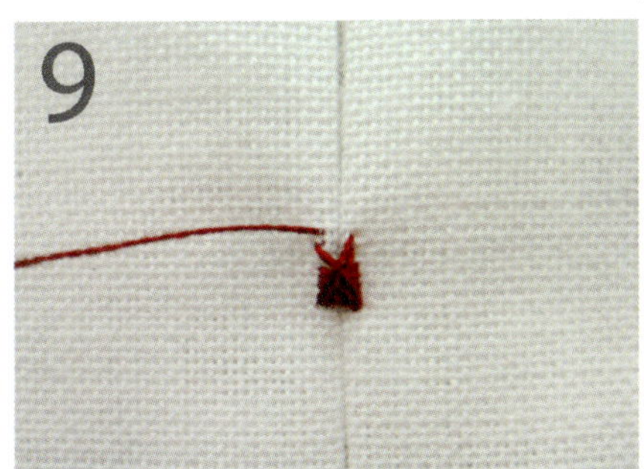

위를 뜰 때는 또 1mm 위를 떠주고 아래 땀도 1mm 위를 떠서 0.7cm 간격을 유지하면서 사뜨기를 한다.

10. 꼬집기

꼬집기 기법은 선을 따라 문양을 나타내는 기법으로 서양의 핀턱과 같은 방법이다. 여름철 소재인 모시감에 사용하면 아름다운 효과를 볼 수 있다.

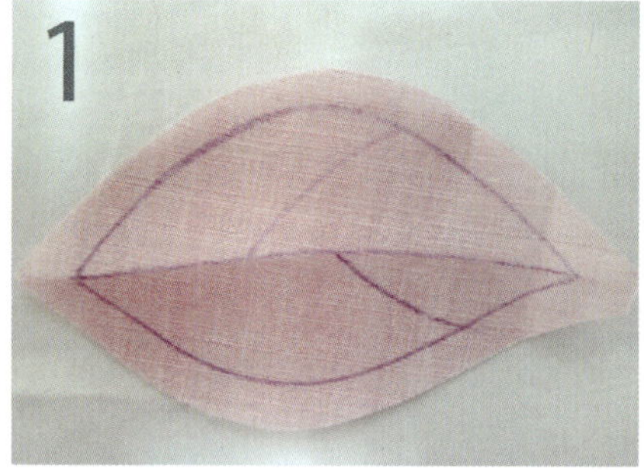

모시에 도안을 그린다.

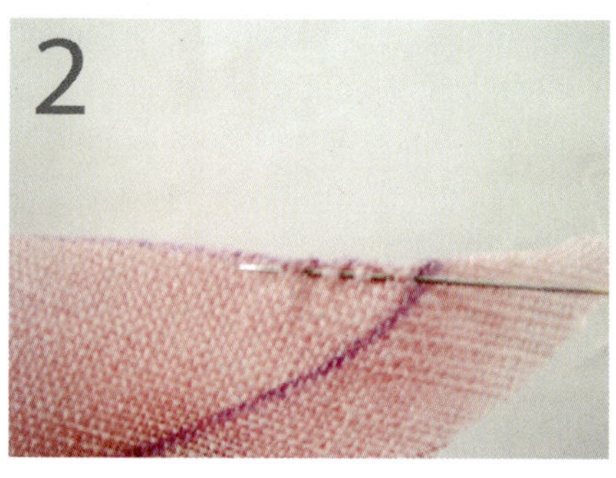

꼬집기를 할 선을 접고 0.2cm 아래에 고운 홈질을 한다.

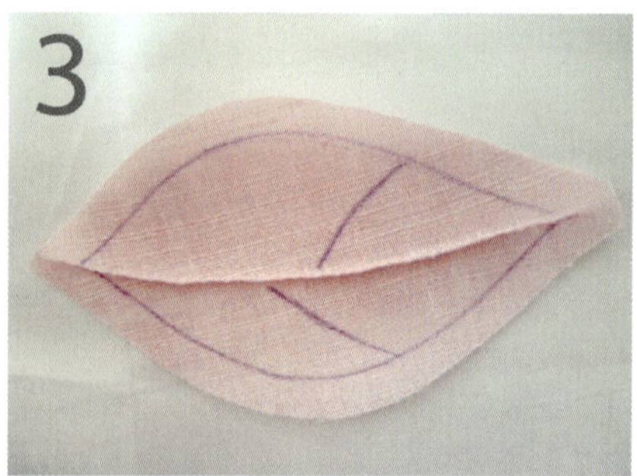

꼬집기를 한 줄 하고 손톱으로 꼬집기한 솔기선을 세워준다.

1. 가름솔

가름솔은 홈질이나 박음질을 한 후에 솔기를 갈라놓는 것이다. 시접은 올이 풀리지 않도록 핑킹가위질, 풀칠하기, 바이어스 천으로 싸기 등으로 처리를 한 후에 솔기를 박기도 한다. 주로 저고리의 진동이나 두꺼운 감의 솔기에 사용한다.

2. 쌈솔

쌈솔은 시접 너비를 0.3cm와 0.7cm로 달리하여 넓은 시접으로 좁은 시접을 싸주는 방법을 말한다. 한복에서는 조끼허리 치마의 어깨선을 연결할 때 사용된다.

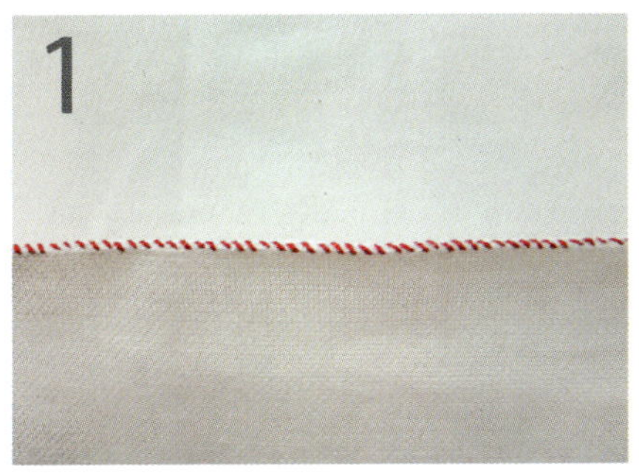

시접을 한쪽은 0.3cm, 한쪽은 0.7cm로 달리 두고 마주 대어 감침질을 한다. 소재가 두꺼울 경우에는 넓은 시접을 조금 더 넓게 두어야 싸줄 수 있다.

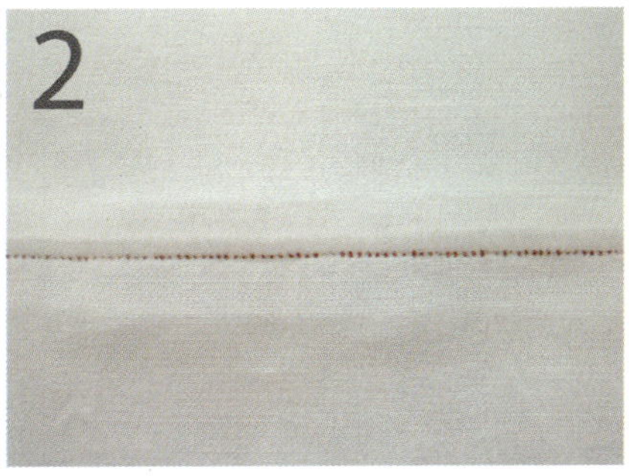

감침질한 솔기의 시접 넓이가 다른 것을 볼 수 있다.

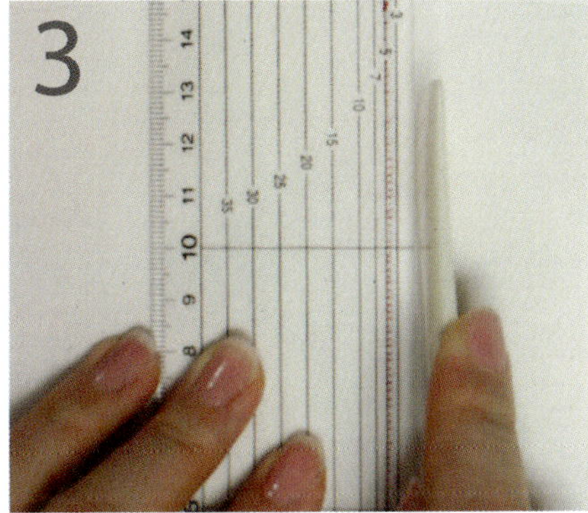

감침질한 솔기의 시접 넓이를 헤라로 표시한다. 이렇게 헤라를 사용하여 표시해야 솔기 넓이가 일정하고 예쁘게 된다.

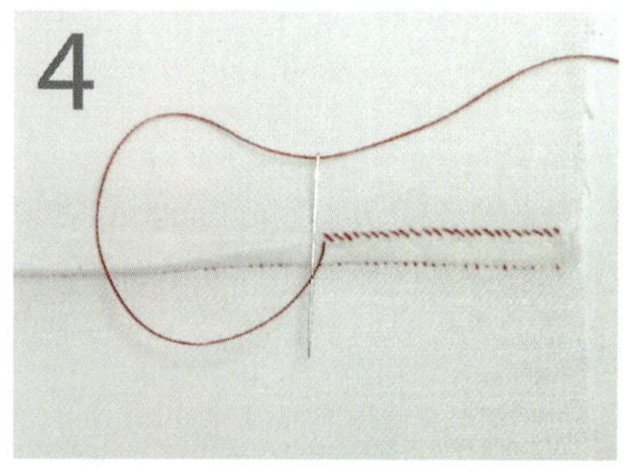

헤라로 눌러준 선을 따라 접고 시접과 함께 감침
질한다.

넓은 솔기로 좁은 솔기를 싸서 감침질한 쌈솔을
펴서 잘 다린다.

3. 깨끼솔

노방이나 모시와 같이 시접이 비치는 얇은
옷감에 사용한다. 솔기의 폭이 일정하고 균
일해야 한다.

솔기를 1cm 두고 고운 홈질을 하여 두 조각을 연
결한다.

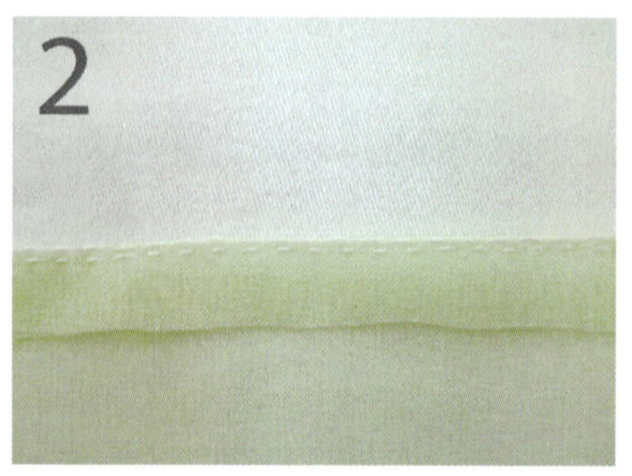

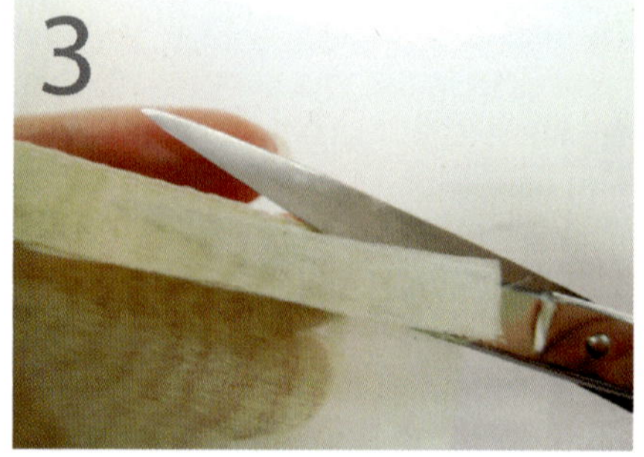

홈질한 선을 접고 0.2cm 아래를 다시 고운 홈질
을 한다.

두 번째 홈질 선 아래를 바짝 자른다.

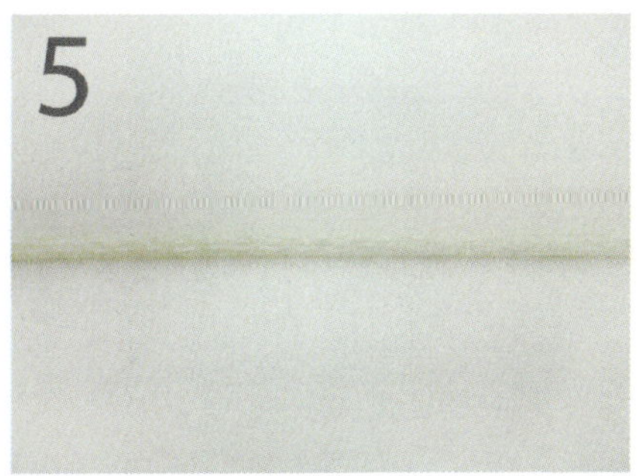

다시 한번 시접을 접고 세 번째 고운 홈질을 한다.

바느질의 솔기가 비쳐 보이므로 노방이나 모시에
사용하는 바느질법이다.

4. 옛쌈솔

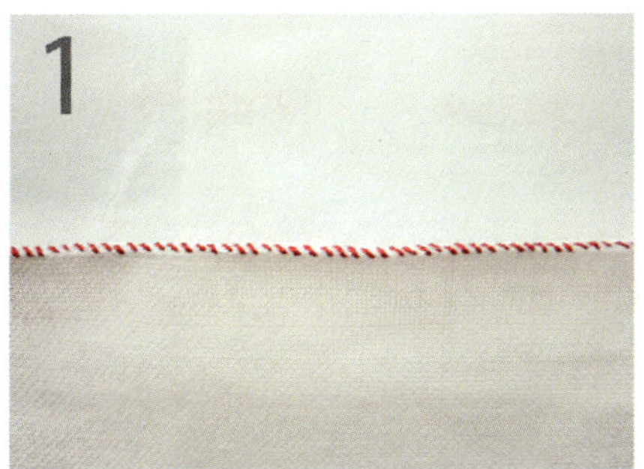

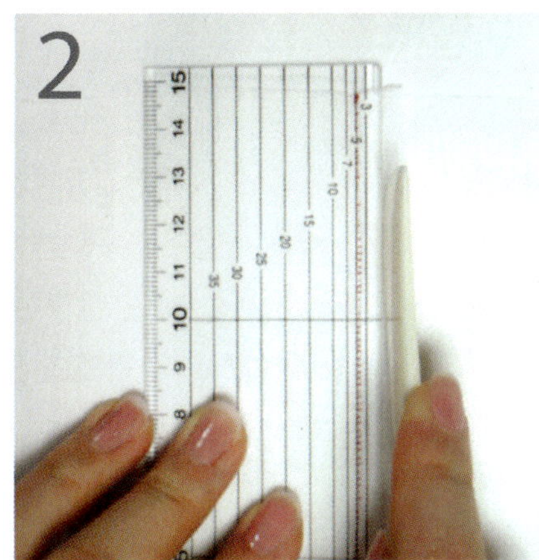

쌈솔과 같이 감침질로 두 조각을 연결한다.

헤라로 솔기선을 표시해준다.

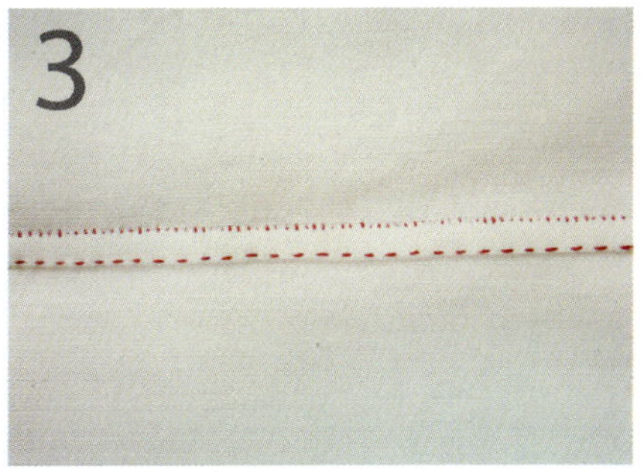

넓은 시접으로 좁은 시접을 싸줄 때 홈질을 한다.

색과 문양의 상징 규방공예에 사용되는 문양은 길상적인 의미가 있는 동물, 식물, 자연문 등을 사용한다.

1. 오방색

오방색은 음양오행사상에 따라 정하여진 다섯 가지 색을 말한다. 중앙과 사방을 기본으로 삼아 오방(동, 서, 중앙, 남, 북)이 설정되며, 동쪽은 청색(木), 서쪽은 백색(金), 중앙은 황색(土), 남쪽은 적색(火), 북쪽은 흑색(水)을 의미한다. 이 중 황색은 오행 가운데 토(土)로 우주 중심에 해당하는 가장 고귀한 색으로 인식되어, 황제만이 황색 옷을 입게 된 것이다.

2. 박쥐

박쥐는 한자 표기 편복(蝙蝠)의 복(蝠)이 복(福)과 같은 소리를 낸다고 해서 일찍부터 행복의 상징으로 여겨 왔다. 박쥐 두 마리를 그린 문양은 쌍복을 의미하고 박쥐 다섯 마리를 그린 문양은 오복을 상징한다. 또한 박쥐는 젖과의 동물이기 때문에 다손(多孫)과 다남(多男)을 상징하고 박쥐의 징그러운 얼굴은 흉한 것으로 더 흉한 것을 제압한다고 하여 벽사의 의미도 있다. 규방에서는 박쥐단추를 만들어 장식의 목적으로 사용하거나 겹보 보자기의 앞뒤감을 고정하는 역할을 한다.

3. 괴불

괴불이란 오래된 연뿌리에 자생하는 식물로 세모 모양의 열매이며 뾰족한 세 귀는 삼재를 막는다 하여 벽사(귀신을 막아내는 것)의 의미가 있어서 서민계층에서는 괴불 노리개를 만들어 착용하였다.

4. 석류(石榴)

석류는 붉은 주머니 속에 빛나는 씨앗들이 빈틈없이 들어 있어 다손(多孫)과 다남(多男)을 상징하였다. 또한 석류의 모양이 보석을 간직한 복주머니 같아서 부귀다남(富貴多男)의 뜻을 지닌다.

5. 연화(蓮花)

불교에서는 연꽃을 청결, 순결의 상징물로 여겼고, "더러운 흙에서 자라지만 물들지 않는다"는 연꽃의 속성은 불교뿐 아니라 유교에서두 군자의 청빈과 고고함에 비유되었다. 연꽃과 목단처럼 큰 꽃은 부귀영화를 상징한다.

6. 복숭아(天桃)

복숭아는 삼천갑자 동방삭이 천도를 훔쳐 먹고 오래 살았다고 하여 장수를 상징한다.

7. 참외(瓜)

참외는 덩굴손이 뻗어나가며 열매가 많이 달리고 또 그 속에는 씨앗이 많기 때문에 자손번창을 상징한다.

8. 나비(蝴蝶)

동서양을 막론하고 즐거움과 행복, 그리고 자유연애의 상징으로 여겨온다.

9. 매미(蟬)

매미는 매미 선(蟬) 자가 신선 선(仙) 자와 같은 발음으로 읽히는 까닭에 신성하게 믿어 온 곤충이다. 매미는 높은 나무에까지 올라 양(陽)에 접근하여 공기와 이슬만 먹고 산다고 하여 예로부터 고결(高潔)의 상징으로 여겼다.

10. 개미

덕행과 애국심을 상징하며 순종을 잘하는 곤충이라 하였다.

11. 귀뚜라미

자손의 출세를 의미한다.

12. 벌(蜂)

벌은 부지런함과 검약(儉約)을 상징한다.

면직물

광목

베틀로 짠 좁은 폭의 재래식 무명과 달리 방직기계로 제직하여 폭을 넓게 짠 면포라는 데서 유래한 이름이다. 과거에는 버선과 속옷의 재료로 사용되었으며 세탁이 편리하여 현대에도 널리 사용되고 있다.

무명

무명은 짧은 길이의 면섬유에 꼬임을 주면서 방적해낸 실을 베틀을 이용하여 짜낸 직물로, 폭이 좁고 올이 성글다. 계절에 따라 올의 굵기가 다른 무명을 사용한다.

융

면 방적사를 평직이나 능직으로 제직하여 기모한 면직물이다. 제직 후 겉면을 기모하여 옷감의 겉쪽이 안쪽보다 부드럽다. 따뜻하고 부드러운 촉감으로 배냇저고리나 영유아용 이불에 사용한다.

마

린넨(linen)

아마 섬유를 원료로 하였으며 면이 사용되기 이전부터 가정용 직물이나 실용적인 용도로 사용되었다.

모시(ramie)

저마 섬유를 원료로 하여 제직한 평직 마직물의 일반 명칭이다. 저마는 식물성 섬유 중 가장 강도가 높고 습기에 강하나 탄성이 부족하다. 삼베에 비해 결이 곱고 치밀하여 의복용으로 많이 사용하며, 특히 충남의 한산모시가 유명하다.

삼베(hemp)

대마 섬유를 원료로 한 평직 마직물의 일반 명칭이다. 일반적으로 올이 굵고, 빳빳하여 거친 촉감을 주며 안동지역에서 생산되는 안동포가 유명하다.

견직물 – 주

명주

규방공예에서 가장 널리 사용되는 옷감으로, 정련한 명주는 부드럽고 가벼워서 고급 옷감으로 사용되고, 정련하지 않은 생명주는 깔깔하고 시원한 느낌이 있어 여름철 옷감에 사용된다. 명주는 다른 견직물에 비해 올이 굵고 두꺼워 골무, 실패, 바늘겨레, 인두집과 같은 배접지를 싸주어야 할 경우에 사용한다.

노방주(노방, 주아사)

누에고치에서 뽑아낸 후 정련하지 않은 비단실인 생사(生絲)를 경사·위사로 사용하여 평직으로 제직한 견직물로, 정련을 하지 않았기 때문에 빳빳한 촉감을 갖는다. 규방공예에서는 숙고사를 겉감으로 한 주머니의 안감으로 사용한다.

견직물 – 사

견섬유의 단면은 두 가닥의 피브로인(fibroin)을 세리신(sericin)이 감싸고 있는 삼각형의 형태이다. 세리신을 함유하고 있는 생사는 촉감이 거칠고 비눗물에 삶아 세리신을 많이 제거할수록 부드러운 촉감을 얻을 수 있는데, 이것을 숙고사라고 한다.

숙고사

견섬유의 생사에서 세리신을 제거하여 삶아서 익힌 견사로 짠 고사로 바탕은 평직, 문양은 사직으로 제직하였다. 정련된 실을 사용하였으므로 생고사보다 부드럽다. 평직 바탕에 화문, 글자문, 학문, 용문 등 길상적인 의미가 있는 문양을 제직한다.

생고사

생고사는 생사를 이용하여 바탕은 사직, 문양은 평직으로 제직된 것으로, 모시와 같은 시원한 느낌이 나서 여름철 옷감으로 많이 사용한다.

갑사

평직과 사직을 혼합하여 제직한 견직물이다. 바탕 전체에 규칙적으로 작은 크기의 마름모형 문양을 넣어 제직한 옷감을 순인이라 하는데, 갑사는 순인 바탕에 부분적으로 용문, 학문, 화문 등을 넣어 제직한 옷감이다.

옥사

두세 마리의 누에가 함께 만든 하나의 고치에서 뽑아낸 실을 사용하여 제직한 옷감이다. 실을 뽑는 과정에서 엉킨 실이 가로 방향으로 불규칙한 실매듭인, 슬럽(slub)을 볼 수 있다. 이것이 옥사 특유의 문양을 만드는 것이 특징이다.

1. 풀 만들기

옷감에 풀기가 없으면 올이 잘 풀리고 힘이 없어 마름질도 어렵고 다루기가 힘들다. 반드시 옷감에 풀을 먹이고 작업에 임해야 완성도 높은 작품을 만들 수 있다.

① 멥쌀과 찹쌀을 2:1로 물에 담근 후 한 달 동안 매일 물을 갈아주어 쌀을 삭혀준다. 맑은 물이 올라오면 충분히 삭혀진 것이다.
② 삭힌 쌀을 믹서에 갈아 가루를 낸다.
③ 쌀가루에 물을 붓고 약한 불에 올려 저어가며 풀을 만든다.
④ 쌀가루와 물의 비율에 따라 풀의 점성이 달라지므로 용도에 맞게 조절한다.
⑤ 풀은 광목을 이용해 쌀가루를 깔끔히 걸러낸다.
⑥ 옷감에 풀을 먹일 경우 묽은 풀을 사용하고, 소품용으로 사용할 경우에는 두 시간을 끓여 된풀을 만든다.
⑦ 방부제를 넣지 않기 때문에 냉동시켜 보관하고 필요할 때마다 해동시켜 사용한다.

참고) 소품에 사용하는 풀은 규방에서 하던 방식대로 따라야겠지만 번거롭다면 오공본드를 사용한다.

2. 풀 먹이기

① 염색한 천에서 번져 나오는 것을 방지하기 위해 밝은 색부터 한 색깔의 천만 풀에 담근다.
② 천을 묽은 풀에 충분히 담그고 가볍게 짜낸 후 수건 위에 편평하게 편다.
③ 수건과 함께 돌돌 말아 손으로 꼭꼭 눌러 풀이 고르게 스며들도록 한다.
④ 중간 온도로 다림질하여 천을 완전히 말려준다.

3. 배접지 만들기

규방공예에서 골무, 실패, 바늘겨레, 배씨댕기는 배접지를 사용한다. 광목과 한지는 두꺼운 것을 사용하며 묽은 풀을 발라가며 배접지를 만든다. 배접지를 만들기 위해서는 풀이 잘 마르도록 날씨가 맑은 날을 골라 작업한다. 풀을 광목과 한지에 번갈아 발라 붙이고, 풀이 80% 정도 말랐을 때 다리미로 펴서 완전히 말려준다.

  ① 오배접지: 광목+한지+광목+한지+광목
  ② 삼배접지: 광목+한지+광목
  ③ 홑배접지: 광목

참고) 배접지 만들기가 번거롭다면 하드보드지 앞뒤를 벗겨내고 구부려서 사용한다.

4. 초칠하기

견사의 강도와 광택을 높이고 꼬임을 적게 하기 위해서 초칠을 하여 사용한다. 초칠한 실은 쉽게 엉키지 않아 바느질을 할 때 편리하며, 특히 타래버선과 같이 솜을 두고 누비는 경우에는 실에 코팅이 되어 솜이 끌려나오지 않고 바느질이 깔끔하게 된다.

  ① 50cm 길이 20올을 준비하여 단단히 잡고 다른 손에 초를 들고 충분히 문질러준다. 견사에 초가 하얗게 묻어 있는 정도가 보일 때까지 문지른다.
  ② 깨끗한 종이 열 장을 반으로 접어 가운데에 초칠한 실을 넣고 높은 다리미 온도로 다림질한다. 다리미로 종이 위를 누르고 실을 잡아당기면 실이 펴진다. 이 과정에서 초가 실에 스며들고 나머지는 종이에 묻어나온다.
  ③ 실 끝의 10cm 정도 밑을 잡고 세웠을 때 서 있으면 초칠이 잘된 것이다.

참고) 타래버선과 같이 누비는 과정에서 초칠은 꼭 해야 한다.

5. 실과 바늘 사용하기

감침질은 견봉사를 사용하고 두 땀 상침, 세 땀 상침, 사뜨기, 술 만들기는 지누사를 사용하는 것을 꼭 염두에 둔다. 감침질은 아플리케 바늘을 사용하도록 한다.

처음
그리고
간절함

사각 바늘방석

규방공예를 처음 시작할 때는 난이도가 낮으면서 핀을 꽂기 위한 필수품인 사각 바늘
방석을 먼저 접하게 됩니다. 시접자를 사용하는 방법을 익히고 감침질 연습을 하고 다
림질을 배우게 되지요. 처음은 감침질이 고르지 않아 내가 소질은 있는 건가? 하는 속
상한 마음이 들지요.
하지만 조금만 견디세요. 바느질 연습을 하며 점점 발전하는 나를 발견할 때의 성취감
은 말로 표현할 수 없습니다. 지금 만들고 있는 사각 바늘방석을 훗날 본다면 자신의
끈기와 노력에 박수를 보낼 그런 작품입니다.

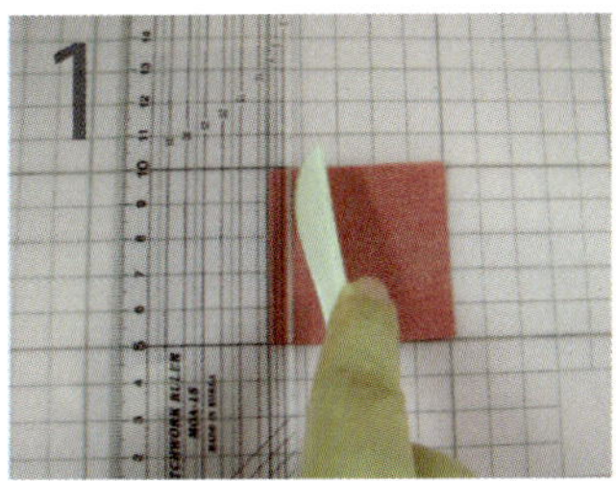

5cm×5cm로 마름질하고 시접은 0.7cm로 표시한다.

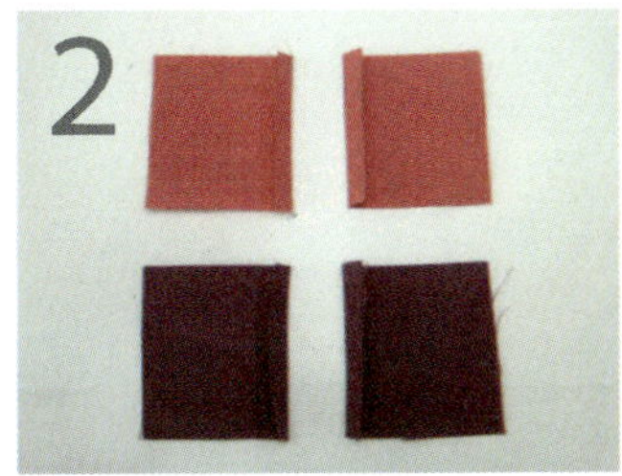

다림질을 하여 시접선을 접는다.

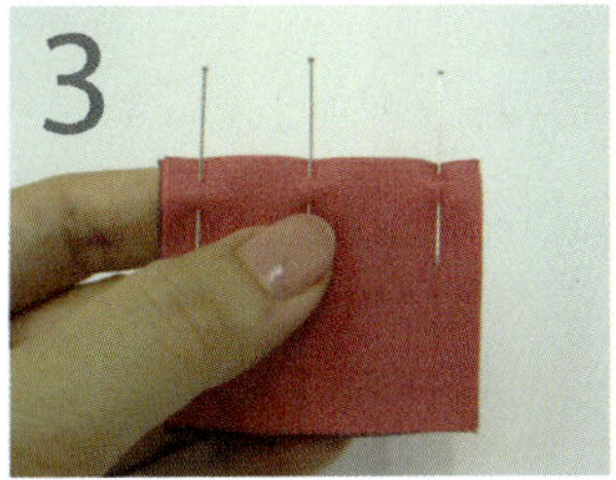

두 조각의 시접을 마주 대고 시침핀으로 고정한다.

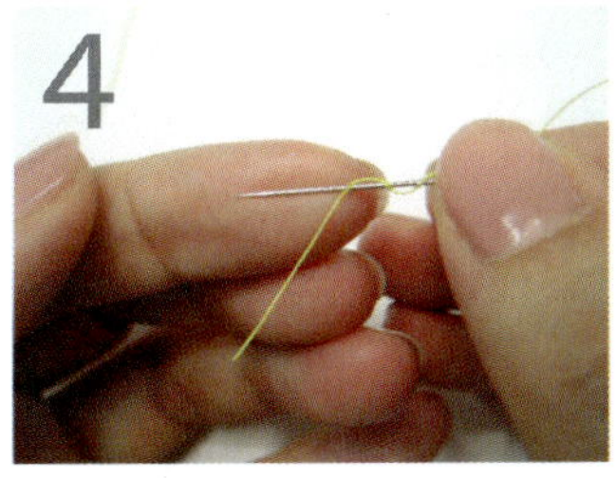

바늘에 실을 끼운 뒤 실 끝에서 3~4cm를 올라와 3번 떠준 뒤 실을 바늘귀 방향으로 당겨 실을 걸어 준다. 이렇게 해야 바느질이 끝날 때까지 실이 빠지지 않는다.

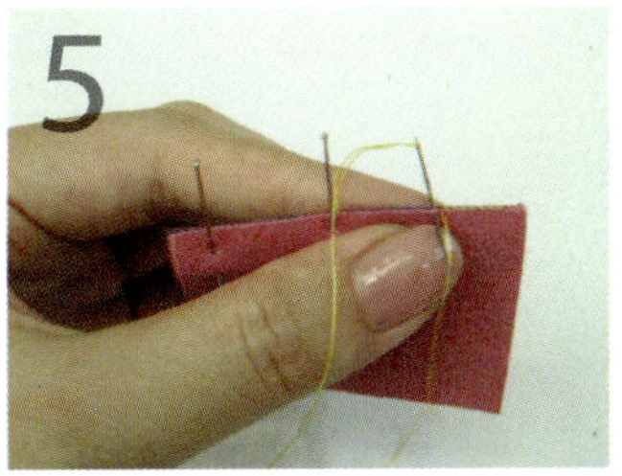

다림질을 시접부분을 마주 보게 한 후 1mm 간격 1mm 깊이로 일정하게 감침질한다. 이때 바늘 땀이 너무 깊거나 실을 당기면 턱이 잡히는 원인이 되므로 주의해야 한다.

시접은 가름솔로 다린다.

사진과 같이 시접을 다린다.

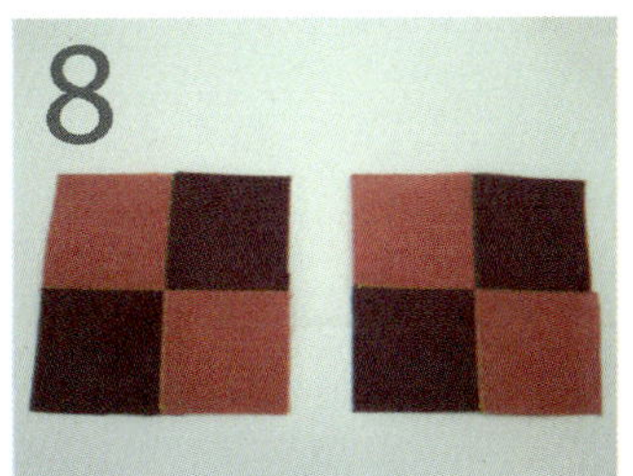

중앙점이 꼭 맞도록 감침질한다.

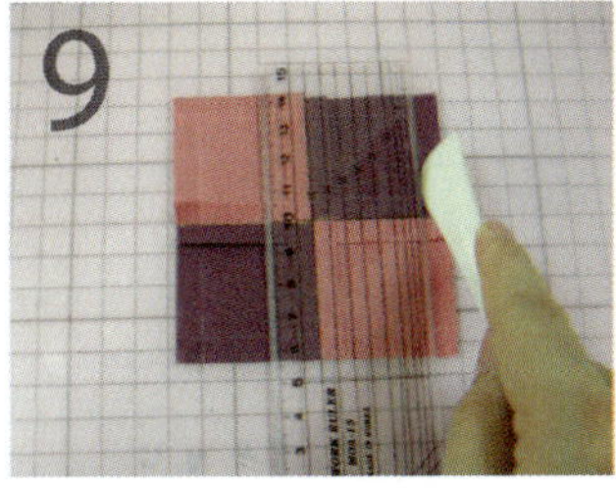

시접자를 이용하여 세로선에 35mm 가로선은 자에 표시된 선을 바느질선에 맞춘다. 네 면을 모두 표시해야 정사각형이 정확하게 나온다.

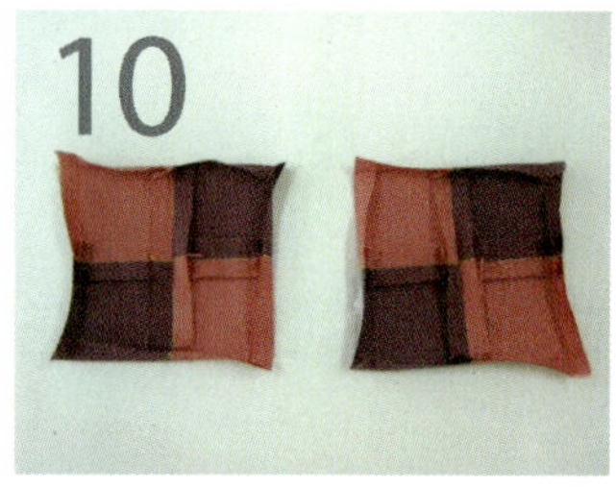

다림질을 할 때 한쪽 방향으로 돌아
가며 다린다.

네 모서리의 시접을 걸어서 접어준
다. 이렇게 해야 모서리가 투박하지
않고 예쁘게 완성된다.

시침핀으로 고정하고 감침질을 한다.

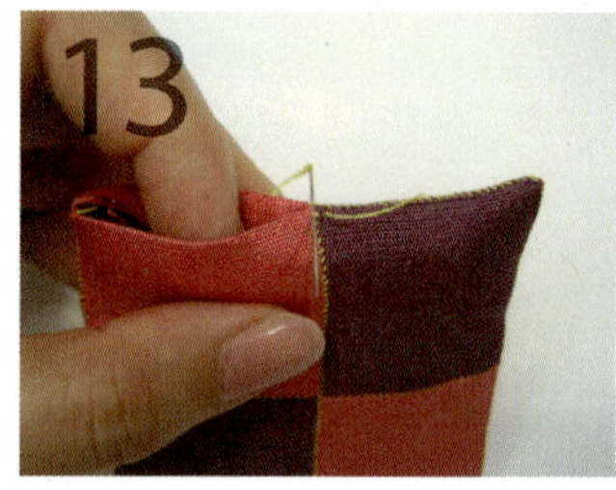

마지막 한 조각의 면을 창구멍으로
남긴다.

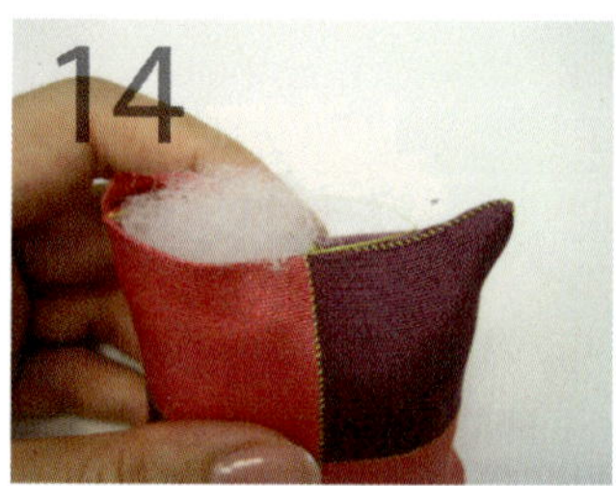

솜을 충분히 넣어준다.

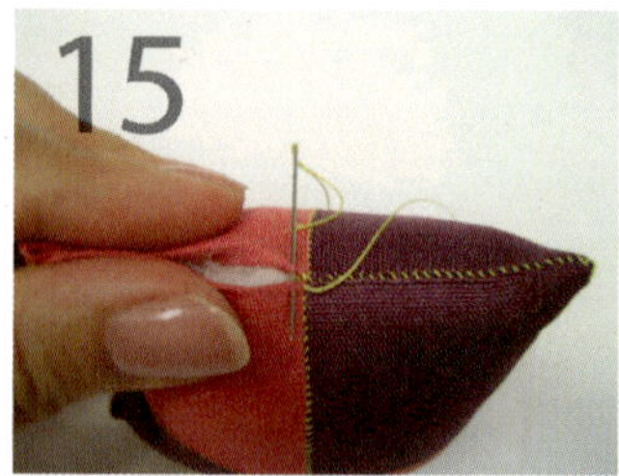

창구멍을 감침질로 막는다.

중앙 부분을 지누사 두 겹으로 실의
매듭에 바늘을 걸어 앞뒤로 당긴다.

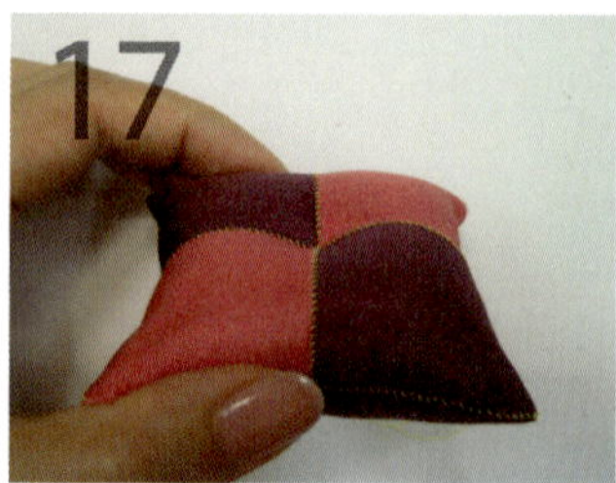

솜이 넉넉히 들어가야 가운데 부분이
볼록하게 된다.

모서리를 송곳으로 눌러준다.

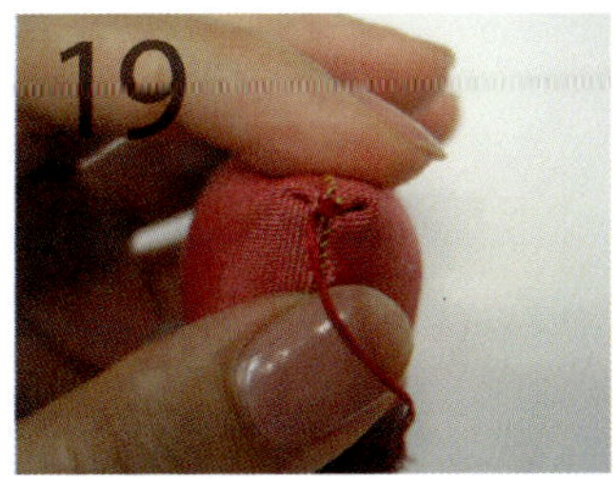

지누사 두 겹으로 고정한다.

동그란 모양의 술을 넣을 공간을 만든다.

지누사 30cm 네 올 접는다.

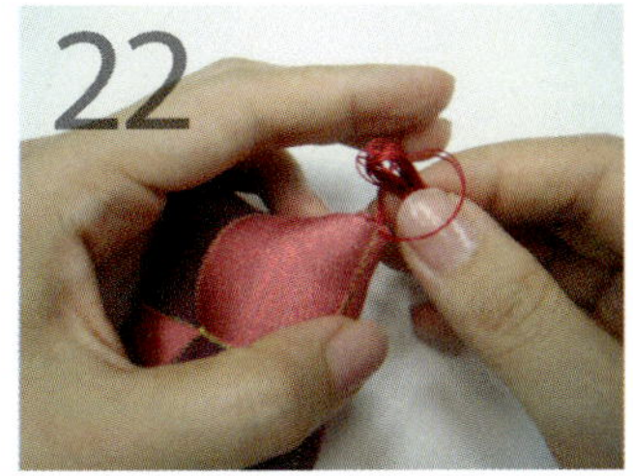

지누사를 넣어 실을 당긴다.

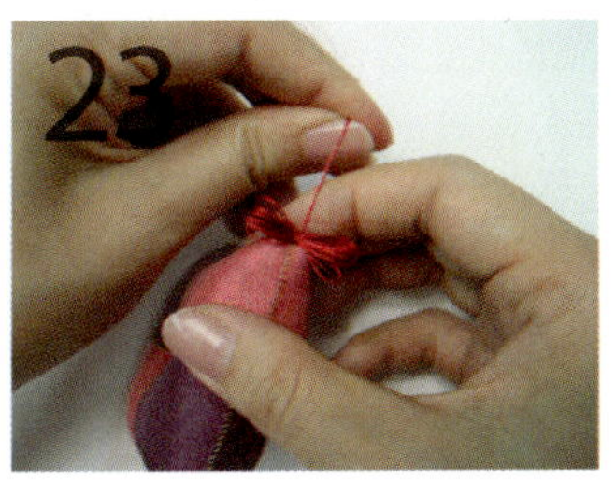

두 번 더 고정한다. 이렇게 해야 술을 달았을 때 움직이지 않는다.

양쪽을 모아 잡고 0.3cm 위를 세 번 돌리고 바늘은 아래에서 위로 빼준다.

네 모서리에 모두 술을 달아준다.

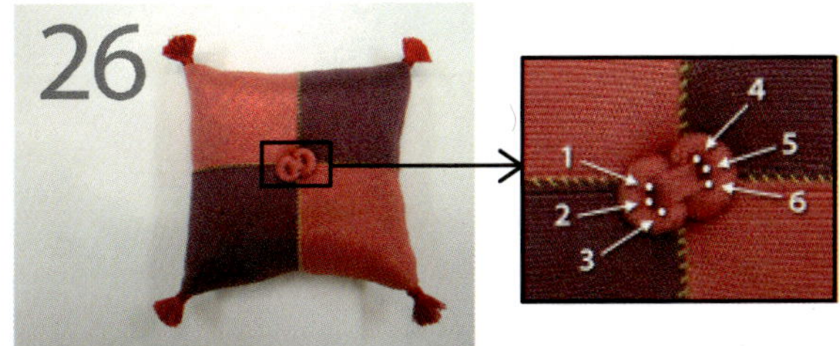

박쥐단추를 달고 술은 길이가 고르게 잘라낸다. 박쥐단추를 달 때에는 번호 순서대로 달아준다.

서양에서는 박쥐를 악마의 존재로 여기지만 우리나라와 중국은 박쥐를 상서로운 동물이라 여겨 한복이나 규방공예에 박쥐문양을 많이 사용합니다. 박쥐는 쥣과의 동물로 번식력이 커 다산을 상징하고 다남, 오복을 상징합니다. 또한 징그러운 생김새로 더 흉한 것을 제압한다는 의미로 벽사의 의미를 지니기도 합니다.

4cm×4cm로 자른 명주를 바늘을 사용하여 한쪽 모서리부터 중앙까지 말아준다.

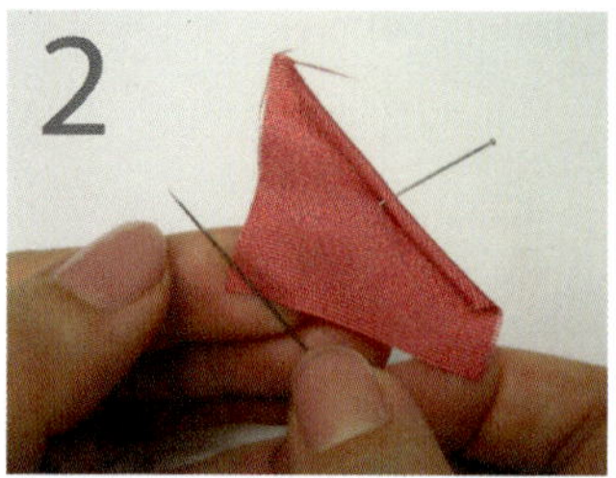

바늘을 빼고 핀으로 고정시킨 뒤 반대쪽에서도 바늘을 넣고 중앙까지 말아준다. 이때 헐겁게 말리면 박쥐 날개가 힘이 없어 예쁘지 않게 되므로 주의한다.

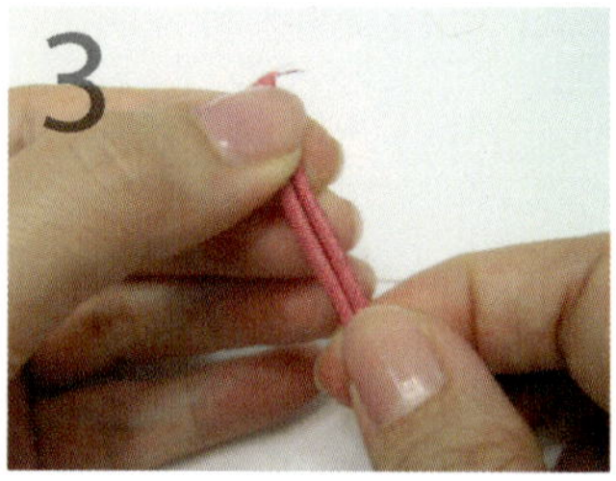

양쪽이 똑같이 단단히 말리도록 한다.

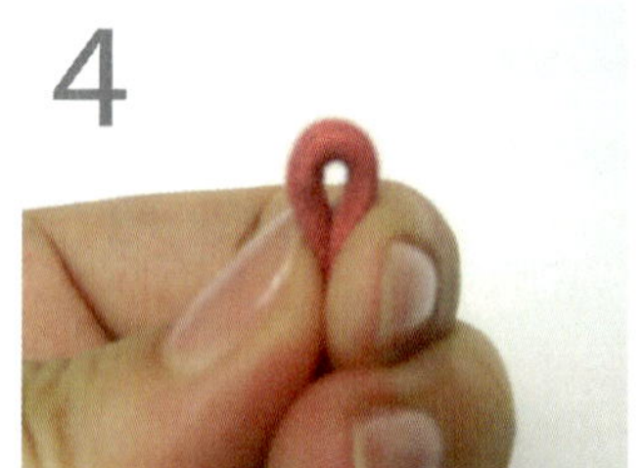

반으로 접었을 때 옆모양이 거꾸로 된 물방울모양이 나와야 한다.

지누사 두 겹으로 0.5cm 아래를 떠주고 다섯 번 돌려준다.

아랫부분을 바짝 자르고 풀을 바른다.

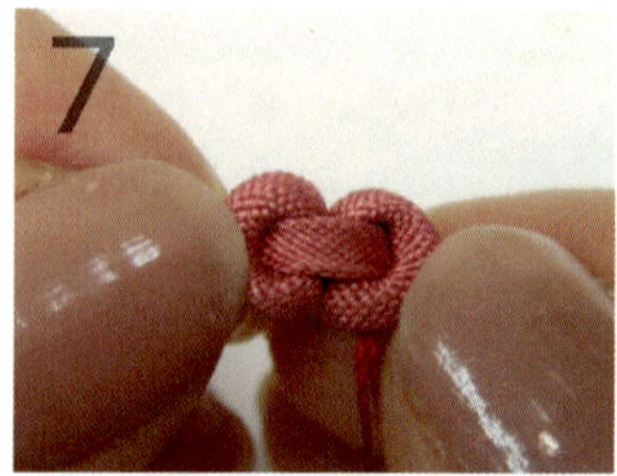

날개를 벌려주고 양쪽 날개의 홈을 떠서 고정한다.

이번에는 꽃봉오리 바늘방석에 도전해 볼까요?

정사각형의 다섯 조각을 감침질하여 꽃모양을 만들고 중앙에 박쥐단추나 술 장식을 합니다. 사각 바늘방석과 같이 미니어처로 만들어 휴대전화 고리로 응용해도 좋지요.

규방수업을 하면서 학생 중에 오래 기억에 남는 분이 있습니다.

수업시간에 "나는 이렇게 정성스럽게 만든 작품을 선물한 적이 있는데, 받아 본 적은 없어요. 나도 이런 선물 받고 싶다"라고 했더니 다음 날 광목을 분홍 면실로 바느질하고 진주구슬을 단 작은 꽃봉오리 바늘방석을 주셨습니다. 장성한 아드님을 둘이나 두었지만 소녀와 같은 감성을 갖고 늘 웃음이 가득한 얼굴에 독실한 가톨릭 신자였던 그분이 생각납니다. 소중하게 간직했던 그 선물을 보여드릴게요!

· **재료:** 명주, 견봉사, 지누사, 솜
· **마름질:** 명주 5cm×5cm 15조각(파랑·분홍·노랑·옥색·빨강 2조각씩, 자주 5조각)

시접(0.7cm)을 제외한 부분이 3.5cm ×3.5cm가 되도록 헤라로 선을 긋고 다림질한다.

가운데 중심을 기준으로 다섯 가지 색상을 배열하고 감침질한다(시접 부분은 감침질하지 않는다). 특히 중심점은 감침질을 튼튼히 한다.

사진 오른쪽의 색 배열과 대칭으로 만들기 위해서는 왼쪽과 같이 배열한다(시접이 마주 보게 되는 상태에서 같은 색이 마주 보게 놓고 감침질한다).

다섯 조각 시접을 접어 한 면을 건너가며 감침질한다.

사진과 같이 반드시 화살표 방향으로 접어 감침질한다.

사진과 같이 손을 오므린 듯한 모양이 나와야 한다.

위아래 같은 색이 만나도록 맞추고 감침질한다.

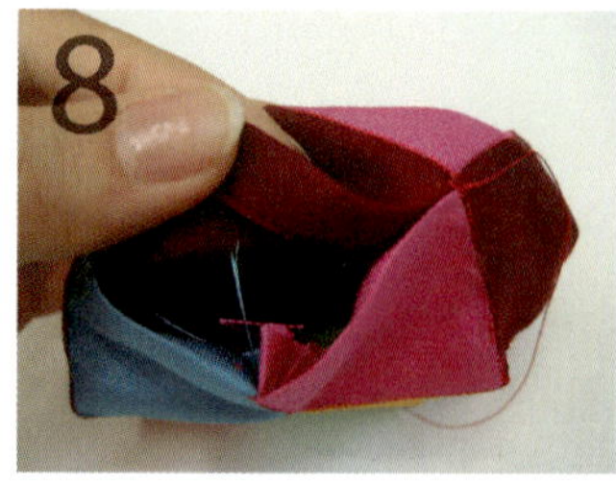

두 면의 창구멍을 남긴다.

솜을 충분히 넣어야 예쁘게 나온다.

창구멍을 감침질로 막는다.

긴 바늘에 지누사 실 두 겹으로 위아래 가운데 꼭짓점을 다섯 번 징근다. 이때 사진과 같이 바늘을 실에 걸어준다.

옆의 다섯 군데 꼭짓점도 위아래로 통과시켜 징거준다.

가운데 꼭짓점에 박쥐단추 또는 술 장식을 한다.

조각 골무

선비에게는 네 가지 벗이 있으니 종이 지(紙), 붓 필(筆), 먹 묵(墨), 벼루 연(研)을 문방사우(文房四友)라 하였습니다. 규방의 여인에게도 일곱 가지 벗이 있으니 실(청홍각시), 바늘(세요각시), 골무(감투할미), 가위(교두각시), 자(척부인), 인두(인화낭자), 다리미(울낭자)를 규중칠우(閨中七友)라 하였지요. '규중칠우쟁론기'라는 한글소설에는 이 일곱 가지 바느질 도구를 여인을 가리키는 각시, 할미, 부인, 낭자로 의인화하여 규중칠우들의 불평을 통해 옛 여인들의 삶을 엿볼 수 있지요. 골무는 "나는 매양 세요(바늘)의 귀에 찔리었으되 낯가죽이 두꺼워 견딜 만하고 아무 말도 아니 하노라"고 하여 바느질을 할 때 자신의 희생을 묵묵히 참아내고 있음을 말하고 있습니다.

필자는 규방수업을 하면서 여인은 경이로운 존재임을 자주 실감합니다. 누군가의 아내이고 어머니이고 딸이고 며느리 역할을 하며 자신을 희생하는 사람이지요. 삶의 지혜를 터득하여 자신이 알고 있는 점은 서로 나누려 하는 넉넉함을 지닌 사람, 골무와 같은 사람, 바로 당신입니다.

· **재료:** 명주, 5배접지, 광목, 견봉사, 지누사

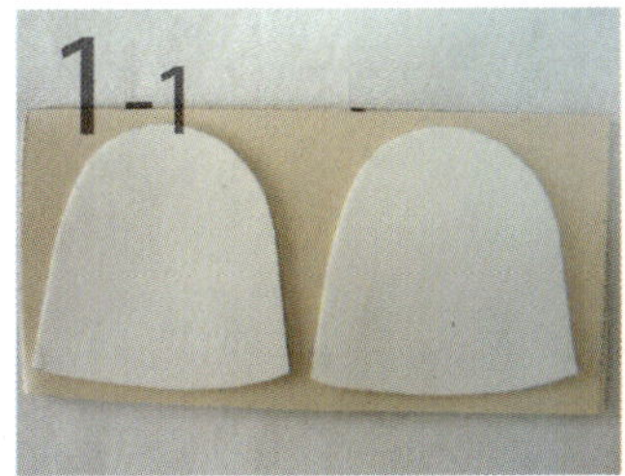  

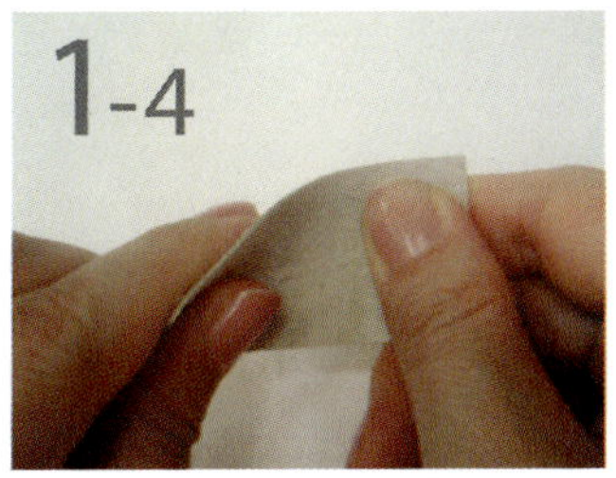 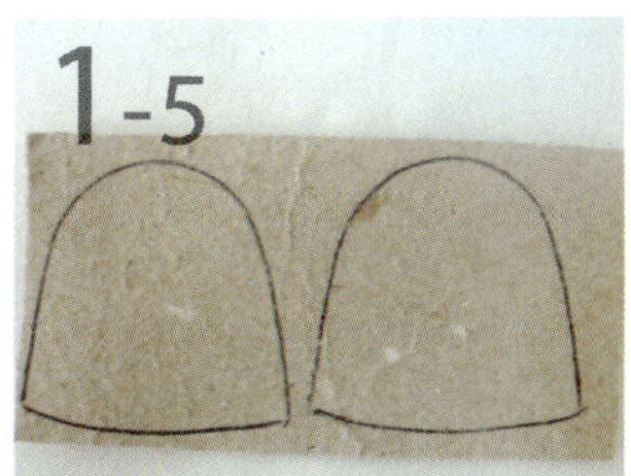

골무 본을 배접지에 대고 앞뒤판용으로 두 장 그린다. 5배접지를 사용하는 것이 원칙이나 배접지가 없다면 하드보드지 앞뒤 장을 벗겨 내고 구부려서 사용한다.

배접지에 골무의 감침질한 선을 표시한다.

가로선, 세로선 순으로 시접 0.5cm로 감침질한다.

겉감의 안에 배접지를 대고 감침질 선에 맞추어 놓은 뒤 가장자리 시접은 0.7cm로 두고 자른다.

조각 골무 시접이 닿는 부분에 풀을 살짝 바르고 솔기선에 맞추어 배접지를 고정시킨다.

배접지의 가장자리를 송곳에 풀을 묻혀 바르고 곡선모양이 나오도록 오므려 접어준다.

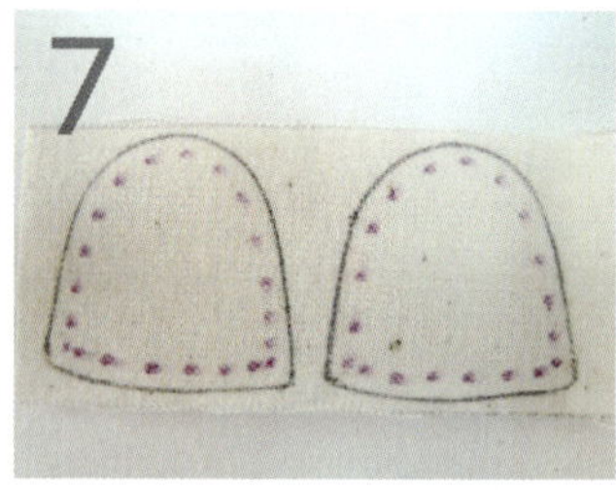

골무의 안쪽에 덮을 안감을 겉감보다 0.3cm 작게(보라색 선) 자른다. 안감도 홑배접을 해야 올이 풀리지 않는다.

골무 안감에 풀을 바르고 시접이 접혀 들어간 안쪽에 붙여 마무리한다.

뒷감은 앞과 다르게 하여도 무방하다. 조각 골무는 취향에 따라 여러 가지 모양으로 디자인할 수 있다.

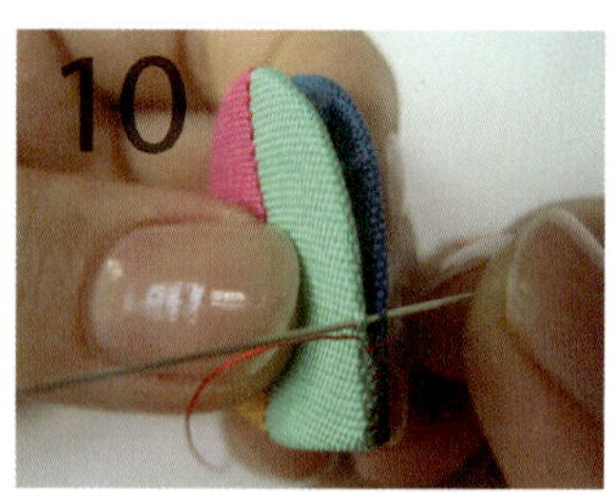

완성된 앞뒤 판을 마주 대고 감침질을 한다. 다음 과정에는 사뜨기를 해야 하므로 감침질 너비를 좁게 뜬다.

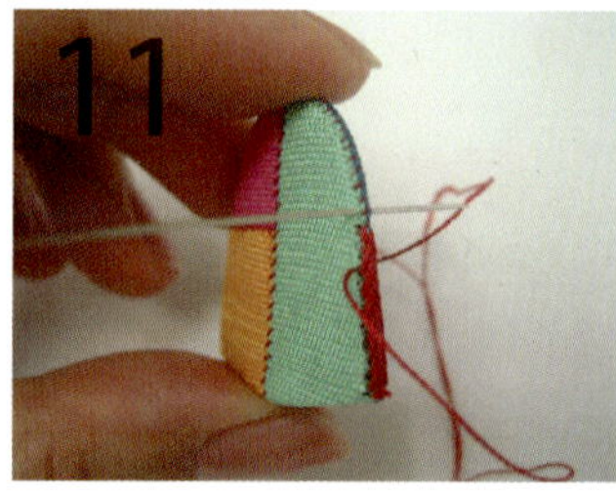

사뜨기 너비를 일정하게 한다.

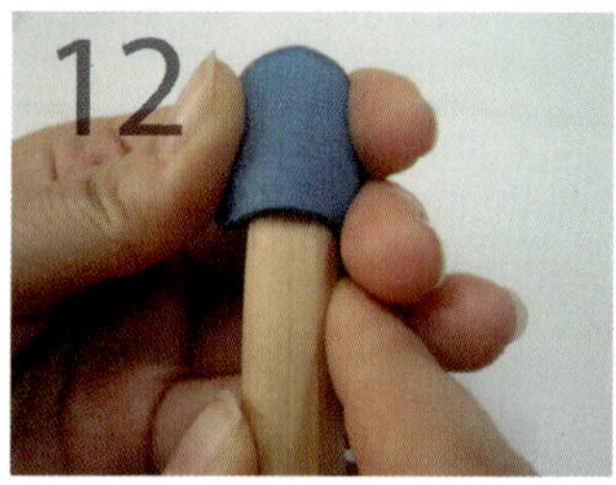

나무를 손가락 모양으로 깎아 나무봉을 만든 후 골무 속에 넣고 꼭 눌러가며 골무 모양을 만든다.

골무의 완성된 모습

경상도 골무는 경상도 지역에서 사용하였기 때문에 붙은 이름입니다. 삼
베 조각에 무명실을 바짝 꼬아 붙여 다른 색 실로 징거 매어줘야 하지요.
이때 손가락에 마비가 온다는 둥 손가락에 감각이 없다는 둥 참 말도 많
습니다. 하지만 이 불평이 너무도 귀엽습니다. 이런 힘든 과정을 거쳐 작
품을 완성할 때는 저마다 예쁘다고 탄성이 여기저기서 들려옵니다. 손이
많이 가는 만큼 보람도 크지요. 필자도 경상도 골무가 너무 예뻐서 참 많
이도 만들었습니다. 수업시간에 늘 자신 있게 말합니다.
"나보다 더 경상도 골무를 잘 만드는 사람은 없을 거예요."

· **재료**: 삼베, 명주, 지누사, 무명실
· **마름질**: 삼베 4cm×5cm 6겹(한쪽 면에 3겹)

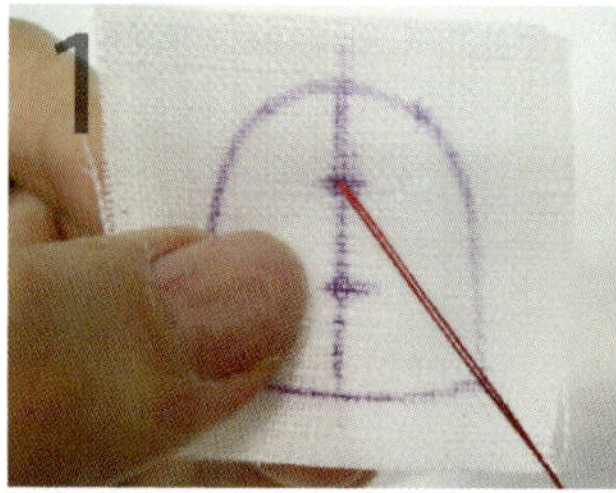

삼베조각을 길이(4cm×5cm)로 접어 고정하고 골무 본을 대고 그린 후, 중심에서 3분의 1 지점 중앙에서 바늘을 아래에서 위로 빼낸다.

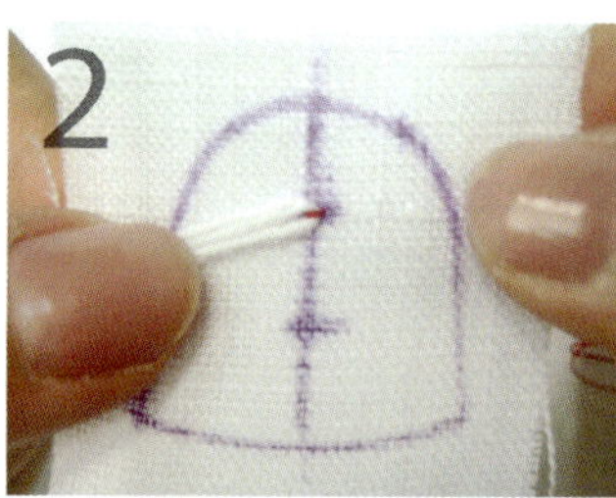

굵은 면실을 70cm로 두 겹으로 잘라, 먼저 꿰어 놓은 색실로 중심을 한 번 징거주어 네 겹을 만든다.

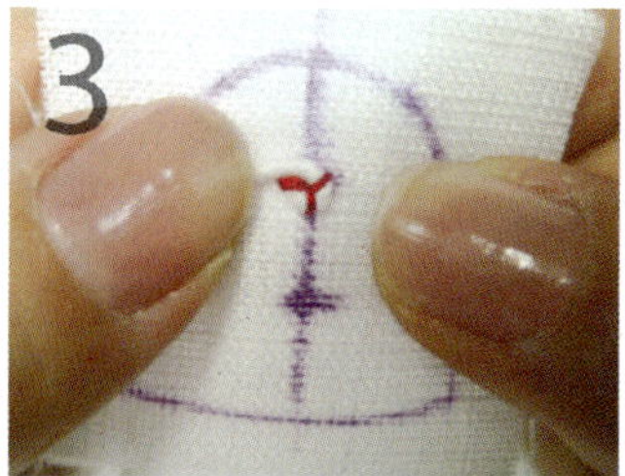

왼손으로 네 겹의 실을 시계 반대방향으로 비틀어 꼬아 가며 똬리를 만들어주는데, 똬리를 바짝 꼬아 붙여 가며 색실로 징거주면 입체적인 효과가 있다.

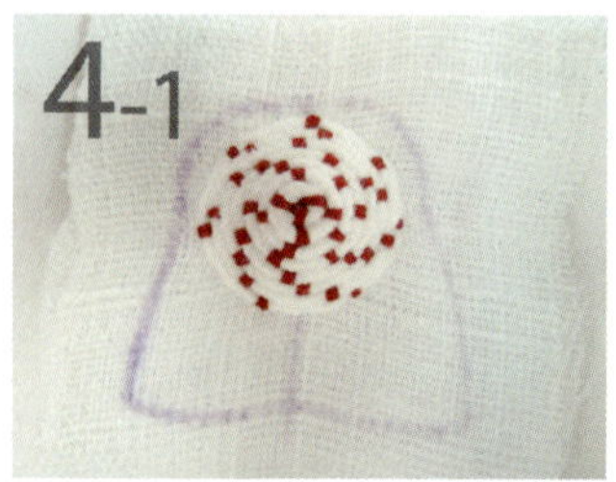

지름 1.2cm의 똬리를 만든 후 네 겹의 면실을 한 가닥씩 굵은 바늘에 꿰어 아래로 빼내 매듭을 짓고 나머지 실을 잘라낸다. 완성된 지름은 1.5cm가 되도록 만든다. 똬리는 옆에서 보았을 때 자연스러운 입체감이 나타나도록 한다.

색깔 천을 접어 똬리 아랫부분에 닿도록 하고 똬리의 중심에 세 땀 상침을 한다.

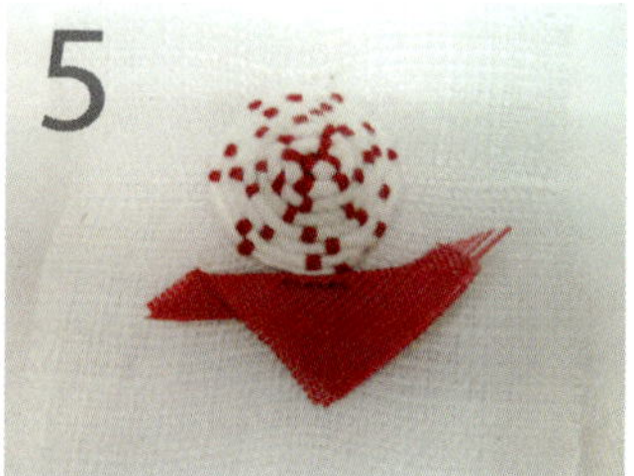

또 다른 장식 천을 길이로 접어 오른쪽 똬리에 댄 후 핀으로 고정하고 고운 반박음질을 한다.

반대방향에 또 다른 색 천을 대고 다시 오른쪽에 또 다른 색 천을 댄다.

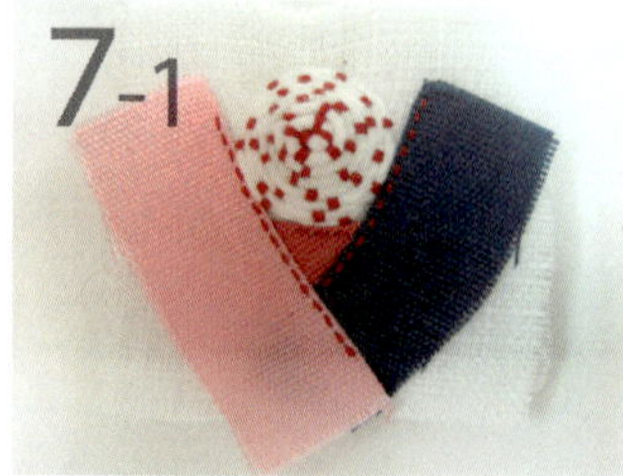

네 번째 색깔 천에는 새발뜨기로 장식하고 가운데에 별 장식을 한다.

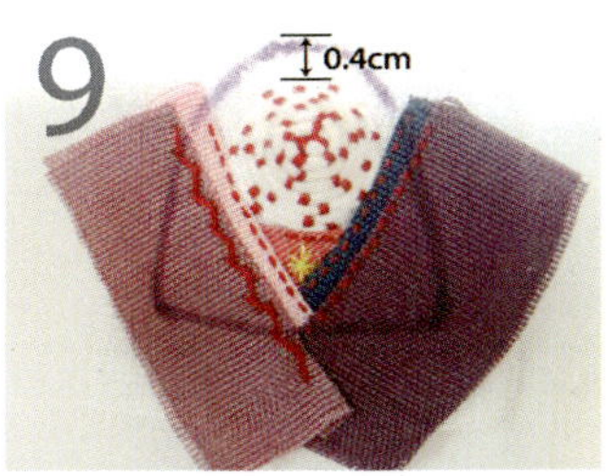

본을 대고 다시 그려준다. 윗부분은 또리 위로 0.4cm의 시접을 두고 아랫부분은 색깔 천 네 개의 중앙에 오도록 정확하게 그린다.

바이어스를, 완성선을 따라 박음질한다.

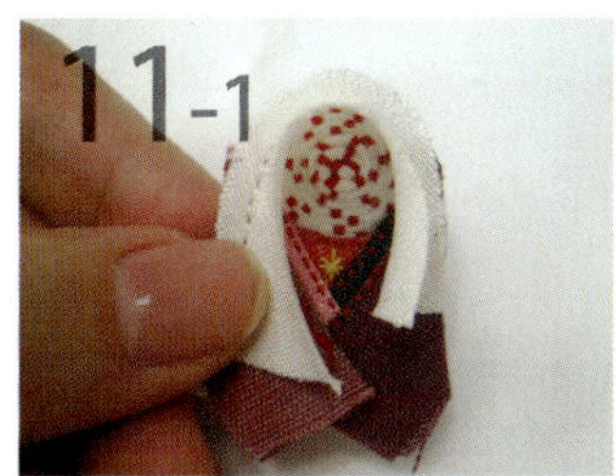

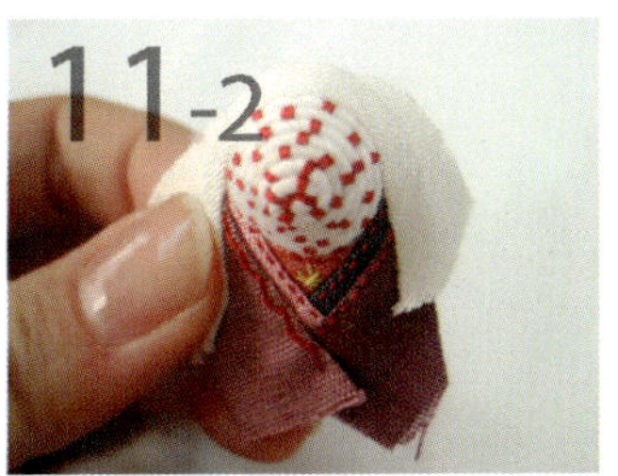

바이어스 시접을 0.4cm 남기고 자른 후 바이어스를 뒤로 넘긴다.

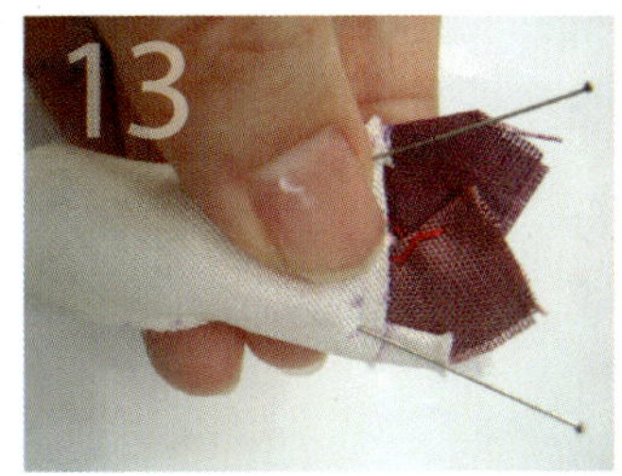

골무 안감을 바이어스 방향으로 자른 후 위는 0.7cm 아래는 1cm의 시접을 두고 기화펜으로 시접을 표시한다.

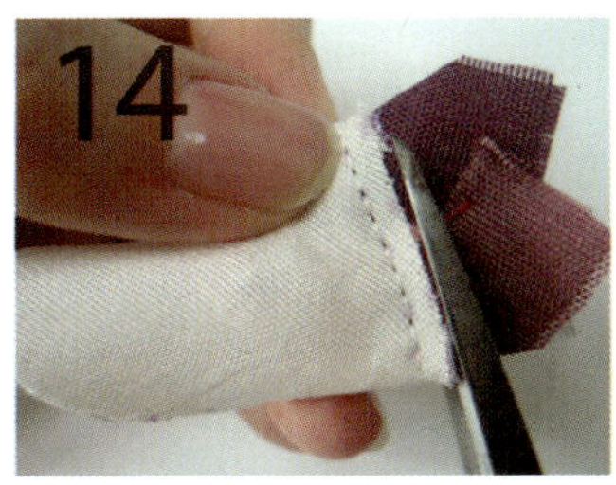

안감의 중심이 완성선 가운데 오도록 고정하고 양쪽 시접은 뒤로 넘기고 박음질한다.

나머지 시접은 자른다.

안감을 아래로 내린다.

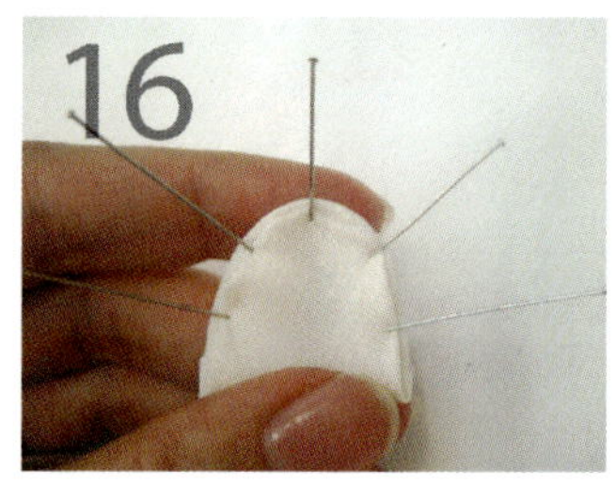

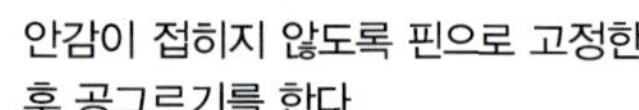

안감이 접히지 않도록 핀으로 고정한
후 공그르기를 한다.

경상도 골무 앞뒤 면을 대고 감침질을 하고 그 위에 사뜨기를 한다.

바늘겨레는 헝겊 속에 솜이나 머리카락을 넣어 바늘을 꽂아두게 만든 물건을 말하며 바늘방석과도 같은 의미입니다. 2단 바늘겨레는 서민들이 값비싼 보석 노리개를 사용할 수 없었기 때문에 저고리의 고름에 매어 장식을 목적으로 달기도 하고, 바느질을 하다가 바늘을 잠시 꽂아두는 실용적인 역할까지도 하였습니다. 배접지를 싸주는 겉감은 예쁘게 장식하기 위해서 조각보와 같이 조각 천을 감침질하기도 하고 자수를 놓기도 하였습니다. 자! 이렇게 예쁜 녀석 한번 만들어 볼까요?

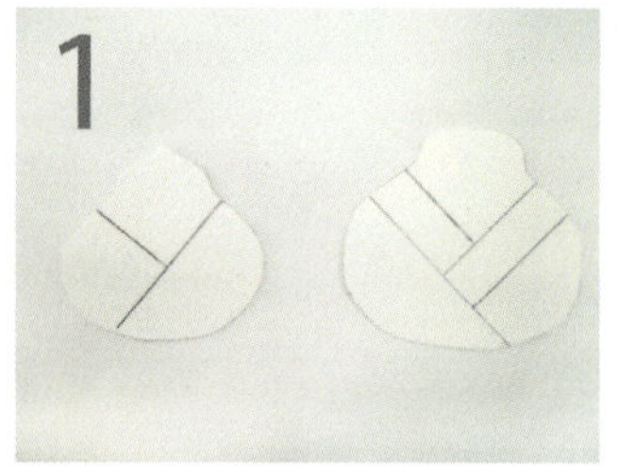

바늘겨레 본을 배접지에 대고 디자인을 한다. 위아래 각각 두 장씩의 배접지를 준비한다.

위아래의 겉감을 앞뒤 면 두 장씩 만든다.

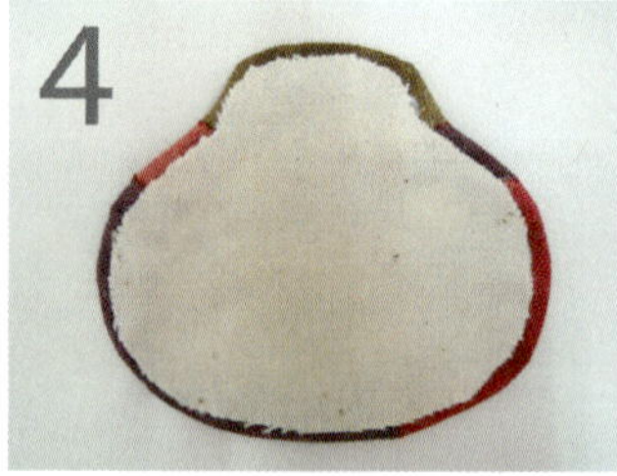

겉감(위 두 장, 아래 두 장) 시접을 0.7cm 남기고 자른다. 배접지의 테두리에 풀을 칠한 후 시접둘레를 각이 지지 않게 접어놓는다.

위아래 네 장 안쪽에 홑배접한 안감을 0.2cm 작게 잘라 붙인다.

아래 뒷감에 끈과 끈 장식을 달아준다.

앞감을 덮고 아래의 안과 안을 마주 대고 창구멍을 남기고 감침질을 한다.

창구멍으로 솜을 적당히 넣고 창구멍을 막고 사뜨기를 한다.

위 장식의 위아래 표시선은 감침질
과 사뜨기를 하지 않고 끈에 끼워 넣
는다.

완성된 모습

끈이나 끈 장식을 만들 때 주의할 점

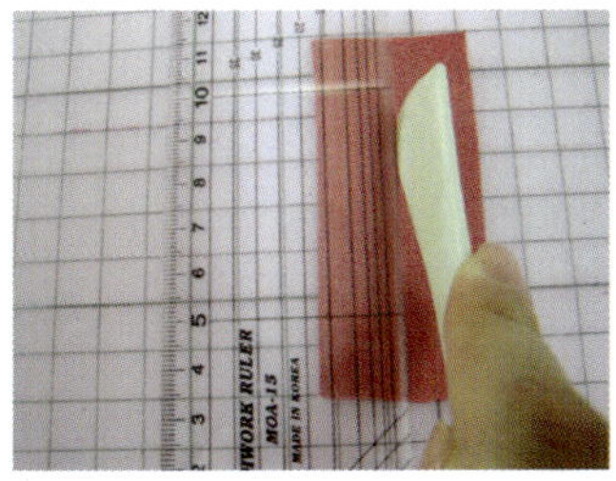

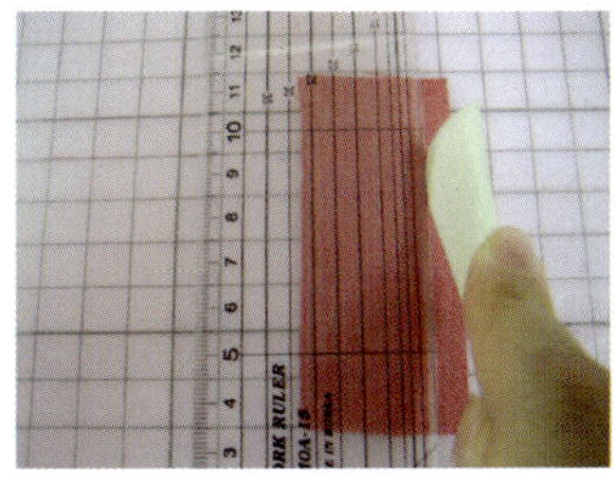

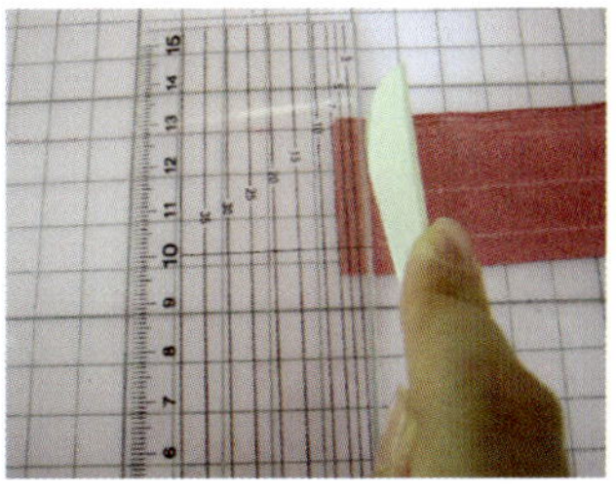

끈 장식 너비의 가운데에 중심선을
헤라로 표시한다.

중심선에, 시접자에 표시된 1cm 선을
대고 시접 분량을 헤라로 표시한다.
반대쪽에도 똑같이 선을 긋는다.

아랫부분에도 시접 분량 0.7cm를 표
시한다.

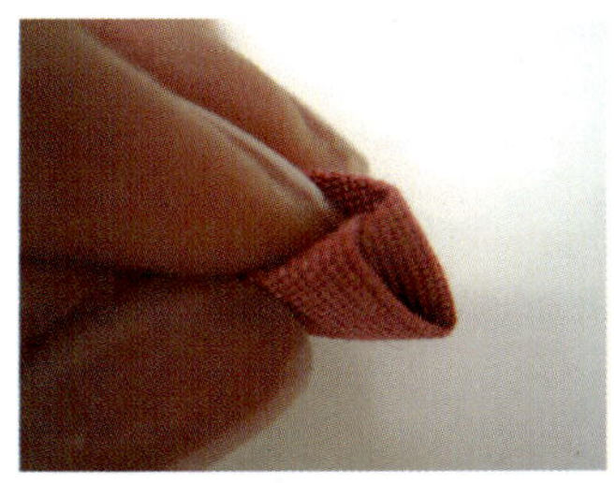

순서대로 다림질을 한다.

시접을 걸어주고 감침질한다. 끈은
아랫부분에 고정시키기 때문에 한쪽
만 감침질한다.

원형 바늘방석 노리개

사뜨기는 모두들 어려워하는 바느질법입니다. 그러나 처음 습득하기는 어려워도 일단 능숙해지면 재미있는 것이 또 사뜨기랍니다. 사뜨기를 즐길 줄 알아야 규빙 공예를 알이긴다고 한 수 있지요. 이 자품은 사뜨기로 한 바퀴를 돌려야 하지요. 수업에 들어가기 전에 모두들 작품을 보고 놀랍니다.
"어머나 사뜨기 좀 봐."

♬ ♬
사랑은 봄비처럼 내 마음 적시고
지울 수 없는 추억을 내게 남기고
이제 잊으라는 그 한 마디로
나와 상관없는 다른 꿈을 꾸고

이별은 겨울비처럼 두 눈을 적시고
지울 수 없는 상처만 내게 남기고
이제 떠난다는 그 한 마디로
나와 상관없는 행복을 꿈꾸는 너

(임현정의 '사랑은 봄비처럼, 이별은 겨울비처럼' 중에서)

겨울의 끝자락에 비가 내리던 날 자정이 넘은 시간에 작품을 하고 있었습니다. 라디오에서 들려오는 노래를 들으며 이 비가 그치면 봄이 더 느껴질 것 같았습니다. 언제부턴가 비를 보면 계절의 변화를 감지하는 능력이 생긴다는 묘한 느낌이 들었지요. 나이가 들어가는 걸까요? 봄을 기다리던 그때 카톡이 왔습니다. "선생님! 사뜨기하다가 사팔뜨기 되겠어요."
이 작품을 보면 봄을 느꼈던 설렘과, 웃으며 잠자리에 들던 기억이 납니다.

· **재료:** 명주, 견봉사, 광목, 진주구슬
· **마름질:** 명주 6cm×6cm 8장, 끈 감 48cm×3.5cm, 바이어스 25cm×2.5cm 2장

조각 천을 앞뒤 네 장씩 감침질하여 두 장을 준비한다.

조각 천과 안감 사이에 누비솜을 넣고 지름 9cm의 원형 본을 대고 원을 그린다. 원 안쪽으로 어슷시침을 하여 겉감과 안감을 고정시켜 놓는다.

지누사를 이용하여 0.7cm 간격으로 홈질 누비를 한다. 이때 바늘땀이나 실매듭이 원 밖으로 나가지 않도록 한다. 누비는 간격은 더 작게 0.5cm로 할 수도 있다.

바이어스 천에 0.5cm의 완성선을 표시한 후 시작 부분은 1cm 접어 올려 완성선에 대고 바이어스의 시작점은 대각선의 중심에서 왼쪽 방향으로 당기면서 핀을 꽂고 1cm 겹치게 박음질한다.

완성선을 자르고 바이어스를 뒤로 넘겨 홈질을 한다. 앞뒤 두 장을 완성한다.

몸판의 안쪽에 꼬리 두 개를 고정하는데 가운데 긴 끈이 지나갈 만큼 공간을 남겨둔다.

몸판 두 장을 마주 대고 창구멍은 남기고 공그르기하고 솜을 충분히 넣은 후 공그르기한 선을 따라 사뜨기한다.

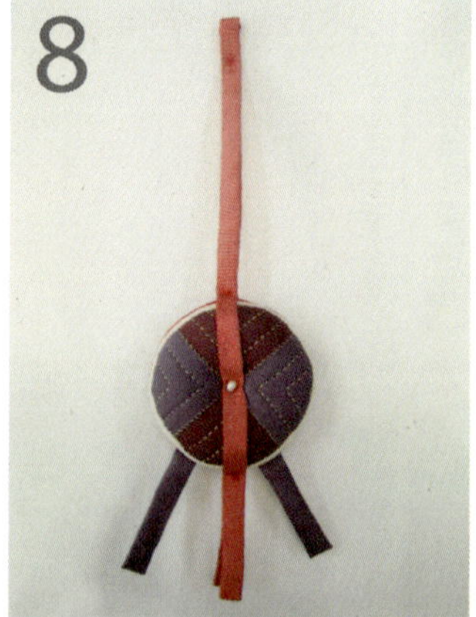

바늘에 폴리에스테르 실 두 겹을 꿰어 중심에 징거주고 끈을 반으로 접어 중앙에 박쥐단추나 진주장식으로 몸판과 끈을 고정시킨다. 끈의 위, 중앙 윗부분, 아래 세 군데 별 장식을 한다.

괴불 노리개

괴불이란 오래된 연뿌리에 자생하는 식물로 세모 모양의 열매가 삼
재를 막는다 하여 서민 어린아이나 부녀자들이 괴불 모양의 노리개
를 만들어 옷 위에 차는 장신구입니다. 이것은 벽사(辟邪: 귀신을
몰아내는 일)를 뜻한다 하여 어린아이의 생일날 채워주었다고 합니
다. 민가에서는 금, 은, 보석의 혜택이 적었기 때문에 오색 헝겊을
이용하여 정성껏 수를 놓아 만들어 착용하였습니다.

· **재료:** 양단 3색(노랑, 분홍, 연두), 끈 감 2색(흰색, 파랑), 자수 실
· **마름질:** 양단 7cm×7cm, 끈 감 5cm×40cm

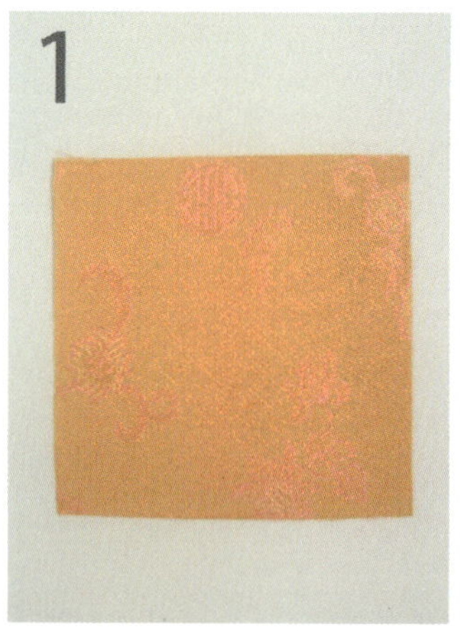

양단 세 가지 색을 7cm×7cm로 마름
질한다.

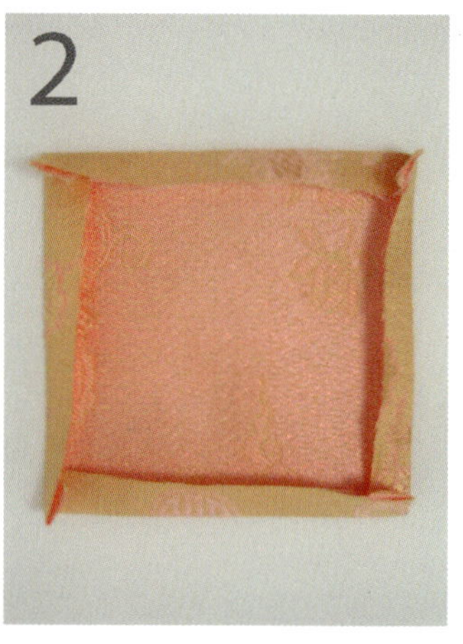

시접을 0.7cm로 네 면을 모두 접어
준다.

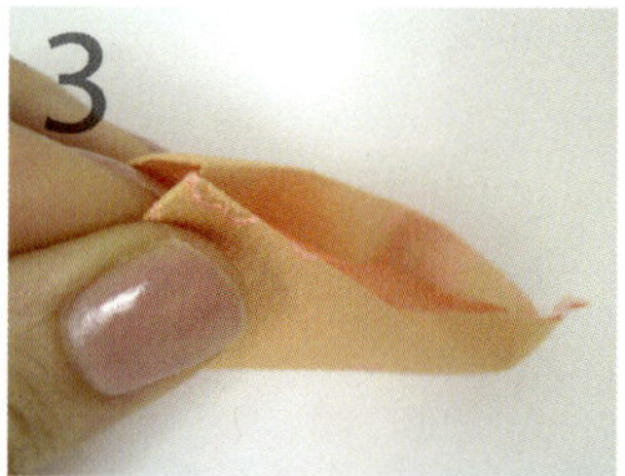

대각선으로 접어 시접을 걸어 접어주
고 감침질을 한다. 창구멍을 남긴다.

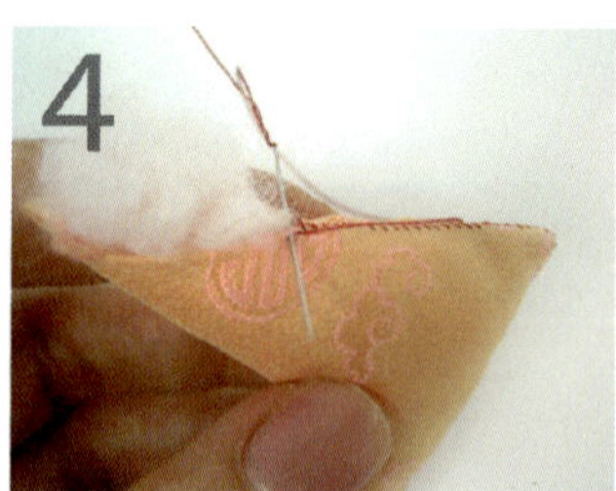

솜을 채워 넣고 창구멍을 막고 사뜨
기를 한다.

다른 색도 동일하게 만들고 사진과
같이 세 개의 모서리를 고정시킨다.

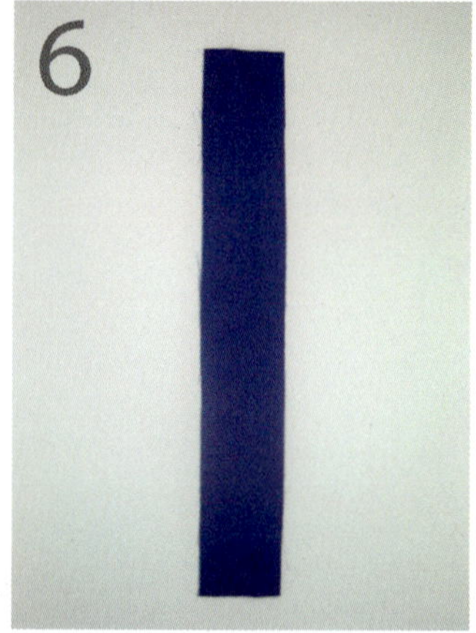

끈 감을 완성 너비 1.5cm로 원형 바
늘방석 노리개의 끈 감과 같이 감침
질한다.

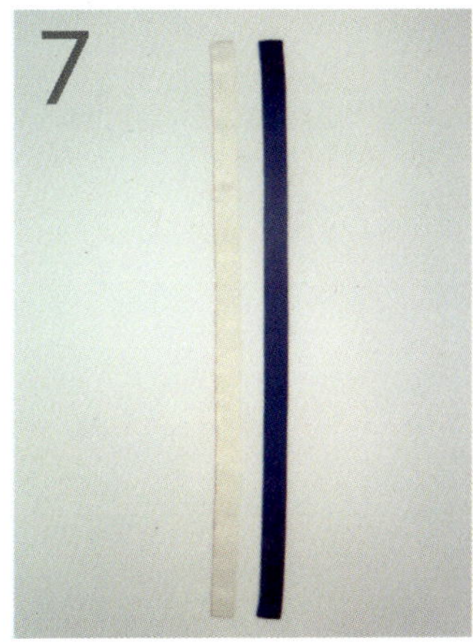

7

8

흰색 끈 감도 동일하게 만든다.

흰 끈은 파랑 끈 안쪽으로 놓고 반을
접어 위에서 5cm에 괴불을 놓고 고
정한 후 아랫부분도 별장식을 한다.

9-1

9-2

마지막 단계에서 술을 달아준다. 오른쪽과 같이 괴불을 세로로 나열하는 방식
도 있다.

복을 부르는 마음

바둑판보

바둑판보는 같은 크기의 정방형으로 이루어진 형태가 바둑
판과 같다고 하여 붙은 이름입니다. 조각보는 국수와 실이
장수를 상징하듯 조각조각을 이어감으로써 조각 같은 생명
을 이어간다는 의미로 장수를 상징하기도 합니다. 바둑판보
의 경우 같은 크기에서 오는 단조로움이나 지루함은 색채로
변화를 주어야 하지요. 정방형의 네 모서리가 한 점에서 만
나야 하기 때문에 완성치수를 정확하게 지켜주어야 합니다.
바둑판보는 조각보의 면구성에서 가장 기본이 되는 구성이
며 조각보에서 알아야 할 기초를 배우는 과정입니다. 시접
자를 정확하게 사용하는 습관을 들이는 것이 작품의 완성도
를 높이는 방법입니다. 다림질도 물론 중요하겠지요.

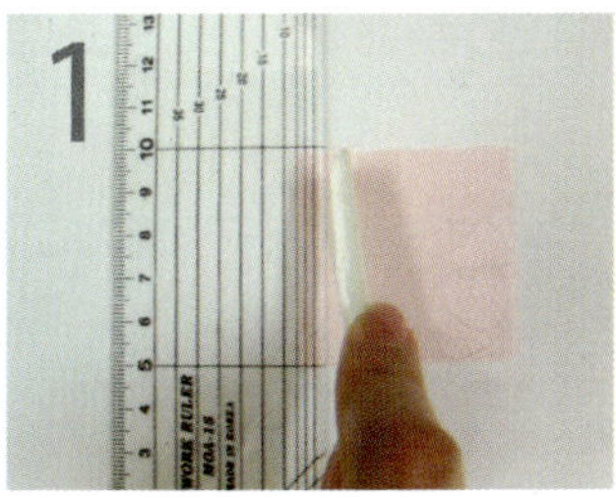

시접 0.7cm를 표시하고 다림질을 한다.

시접을 마주 대고 1mm 간격 1mm 깊이로 감침질을 한다. 실의 길이는 바느질할 길이의 2.5배 정도이다. 실의 길이가 너무 길면 작업 도중 실이 꼬여 능률이 떨어진다.

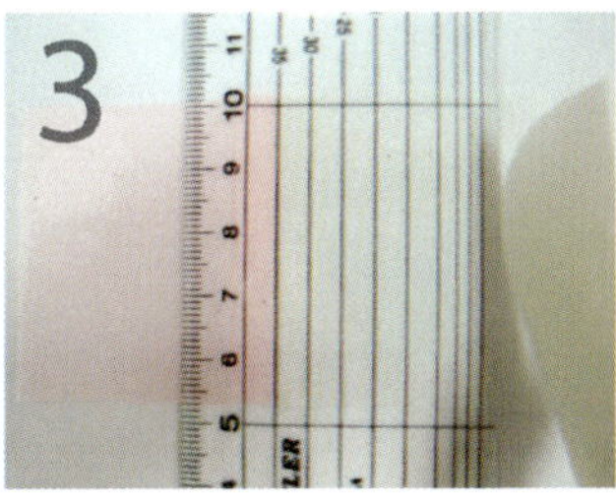

다음 조각을 연결할 때는 감침질한 바느질 선에 시접자 35mm를 정확히 대고 시접선을 그린다. 바둑판보를 만들 때 시접선을 양쪽 한 번에 다 표시하지 않고 이렇게 해야 정확한 모양이 나온다.

의도한 구성과 배색에 맞춰 조각을 이어 한 줄 연결한다.

다음 줄을 연결한다.

앞감을 모두 연결한다.

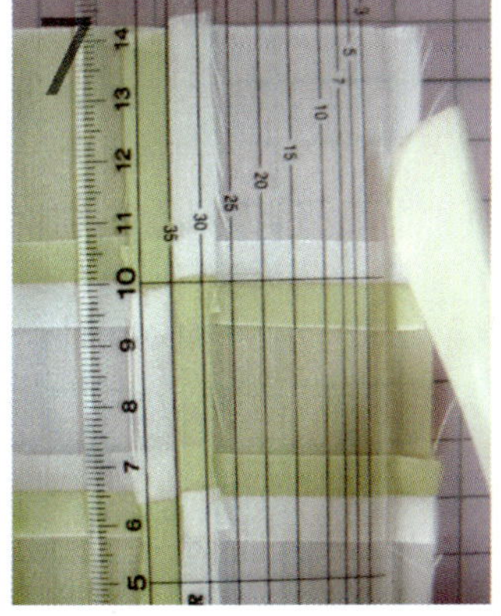

앞감의 가장자리 조각에 시접자를 대고 접힐 선을 표시하여 다리미로 접어둔다.

뒷감의 가장자리를 1cm로 접어놓고 중심에 앞감의 중심을 맞추어 놓는다.

앞감의 가장자리 0.2cm에 움직이지 않도록 시침한다.

뒷감도 접어 올려 앞감에 맞추고 사진과 같이 왼쪽 방향 순서로 뒷감을 접어 올려 0.2cm 아래를 시침한다.

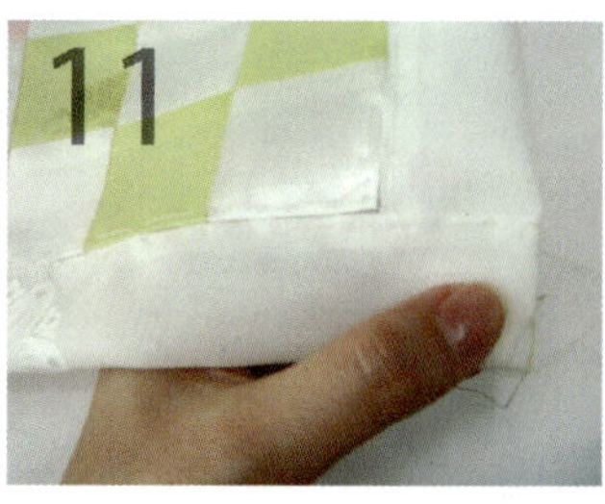

감침질을 하여 뒷감과 앞감을 고정한다.

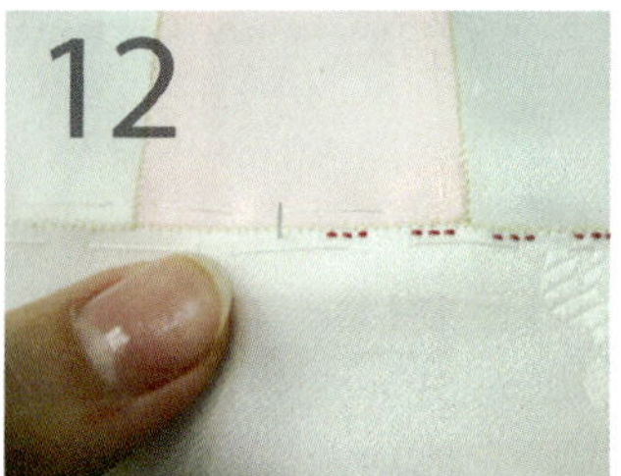

감침질한 선 0.2cm 아래 가장자리를 따라 세 땀 상침하여 장식한다.

손잡이 감을 가장자리 0.5cm 접어 감침질하고 반을 접어 중앙 부분에 고정한다.

손잡이 중앙에 세 개의 박쥐단추를 가지런히 장식한다.

무지개보

무지개보는 반복과 중첩의 느낌을 주는 겹사각형의 형태로 중앙에
있는 네모꼴을 중심으로 퍼져 나가듯 네모꼴이 점층적으로 확대되
는 패턴입니다. 무지개와 같이 떠로 둘러져 무지개보라고 합니다.
빨강, 주황, 노랑, 초록, 파랑, 남색, 보라와 같은 무지개색을 사용
하면 더욱 무지개보의 느낌이 살겠지요?

· **재료:** 숙고사, 견봉사
· **마름질: 겉감** – 숙고사(자주 7cm×7cm 1장, 연두 7cm×5cm 2장, 13cm×5cm 2장, 분홍
　　　　　　　13cm×5cm 2장, 19cm×5cm 2장, 파랑 19cm×5cm 2장, 25cm×5cm 2장,
　　　　　　　노랑 25cm×5cm 2장, 31cm×5cm 2장)
　　　　　　안감 – 숙고사(흰색 33cm×33cm)

무지개보의 중심이 5cm 너비가 되도
록 양쪽 시접을 1cm 접고 간지 조각
과 시접을 마주대고 감침질한다.

위아래 간지 조각을 연결한다.

그다음 이을 간지 천을 짧은 방향에
대고 감침질을 한다. 간지의 완성 치
수는 3cm이다.

위아래 간지 천을 감침질한다.

같은 방식으로 간지를 한 칸씩 이어나간다.

조각을 이은 앞감의 겉과 뒷감의 겉을 마주 대고 완성선을 표시한 후, 창구멍을 남기고 홈질한다. 시접은 앞감 쪽으로 다리고 뒤집는다.

뒤집고 나서 창구멍을 공그르기로 막는다.

가장자리를 0.3cm 안으로 시침하여 고정한다.

가장자리에서 0.2cm 안으로 세 땀 상침을 한다.

여의주문보

예로부터 여의주는 용의 턱 아래에 있다고 전해지는 구슬로
사람이 이것을 얻으면 무병장수, 부귀영화를 얻을 수 있다
고 믿어왔습니다. 조각보의 면구성은 삼각형, 사각형이 대
부분이지만 여의주문보는 원형이 일정하게 겹쳐진 정형화
된 조형미를 나타냅니다. 조각보에서 여의주문보 문양이 서
양의 카테드랄 윈도(Cathedral Window, 대성당 창문)와
비슷하다는 점, 구한말 서양 선교사를 통해 전래되었다는
점, 현존하는 유물이 19세기 말에서 20세기 초의 것이라는
점으로 보아 구한말 서양 선교사에게 배운 퀼트에서 발전되
었다고 보는 견해도 있습니다.

· **재료:** 숙고사, 견봉사
· **마름질: 겉감** – 큰 조각(16cm×16cm 9장), 작은 조각(분홍 · 노랑 · 파랑 4cm×4cm 24장)
  뒷감 – 36cm×36cm 1장

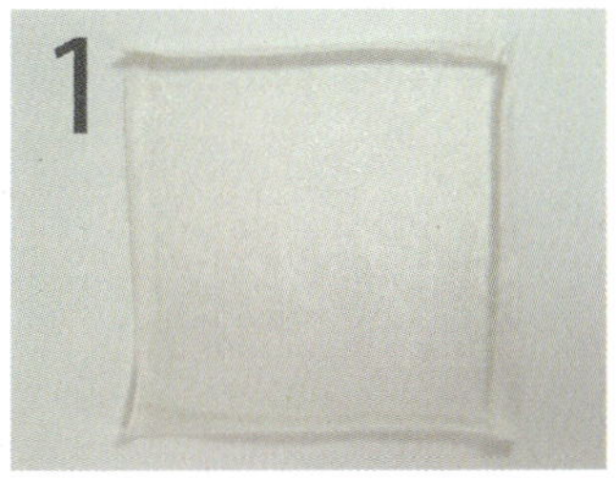

앞감 큰 조각 아홉 장을 16cm×16cm로 잘라 시접 1cm로 접어 준비한다.

시접의 안쪽으로 모서리를 고정시킨다.

사진②를 뒤집어서 모서리를 실로 고정시키고 다림질을 한다.

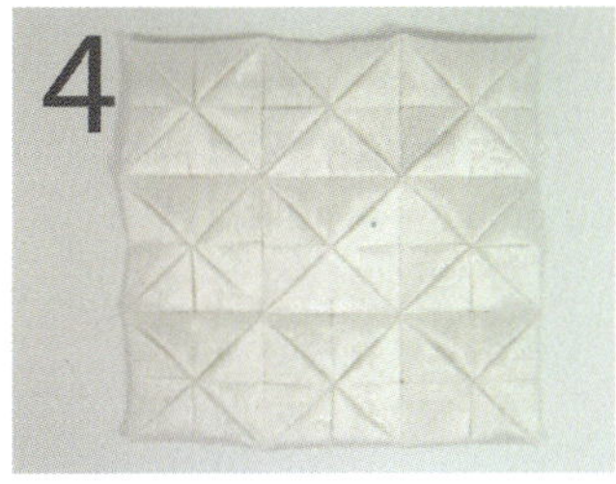

똑같은 방식으로 아홉 개를 만들어 공그르기로 사진과 같이 연결한다.

장식 천을 올려놓고 네 면을 감싸 올려 공그르기한다.

뒷감 시접을 1cm 접고 중심에 앞감의 중심을 올려놓고 가장자리를 시침으로 고정시킨다.

뒷감의 네 모서리를 접어 앞감 모서리 위에 올려놓는다.

뒷감을 접어올려 앞감에 맞추어 놓는다.

뒷감의 네 면을 모두 접어 올리고 모서리는 겹치지 않고 시접이 마주 닿도록 시침한다.

뒷감 모서리부터 시작하여 뒷감과 앞 감의 마주 닿는 면을 공그르기한다.

세 땀 상침을 하여 완성한다. 특히 모서리부분은 양쪽 세 땀 상침을 똑같이 하도록 한다. 박쥐단추를 달아 장식하기도 한다.

모시 발과 삼베 발

대나무는 달빛 아래에서 보고 미인은 발 사이로 보라는 말이 있지요? 어떠한 사물이든 발 뒤에서 어른거리며 비치는 모습은 은밀한 환상을 줍니다. 모시는 천연섬유 중 여름철 의복 재료로 고급스러운 소재입니다. 모시를 바느질하면 모시 발, 좀 더 서민적인 느낌의 삼베를 사용하면 삼베 발이 됩니다. 삼베는 모시보다 발이 거칠어 바느질하기가 힘들지만 더 정감이 가는 소재입니다. 아파트의 베란다에 크게 만들어서 걸어두면 반대편에서 실내가 바로 보이지도 않고 집주인의 미적 감각도 엿볼 수 있지요. 미인이라면 댁에 발 하나 만들어 걸어두는 게 어떨까요?

모시 발은 두 번 감침질을 하는 쌈솔기법으로 바느질해야 한다. 쌈솔은 솔기로 싸주는 구조이므로 완성크기가 줄어들기 때문에 시접을 충분히 주어야 한다.

두 장 모시의 시접을 0.3cm 접어 사진과 같이 걸고 고정시키기 위해 시침한다.

앞뒤의 경계선을 표시한다.

앞뒤에 표시한 경계선을 접어 감침질한다.

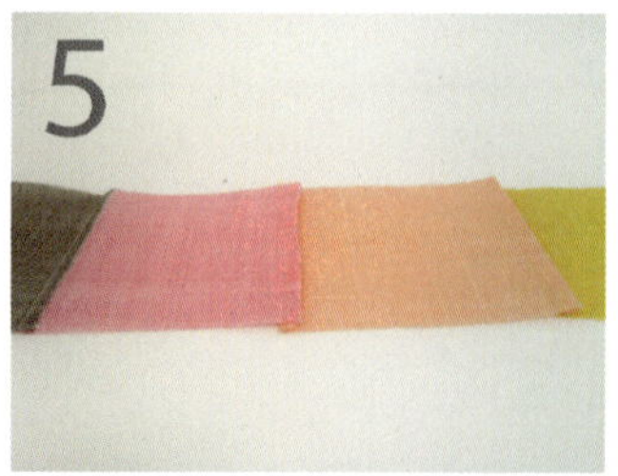

두 번 감침질한 솔기를 펴준다. 솔기의 넓이는 얇을수록 더 예쁘게 보인다. 보통 0.5cm가 넘지 않도록 한다.

조각을 이을 때 시접이 넘겨지는 방향을 한 방향으로 정한다(사진의 시접 방향은 오른쪽). 시접을 일정하게 두지 않으면 모시 발에 구김이 생기고 시접 계산도 어려워진다.

사진과 같이 세로선은 오른쪽, 가로선은 위로 일정하게 시접 방향을 두고 모시조각을 가로 27cm, 세로 80cm로 만들어둔다.

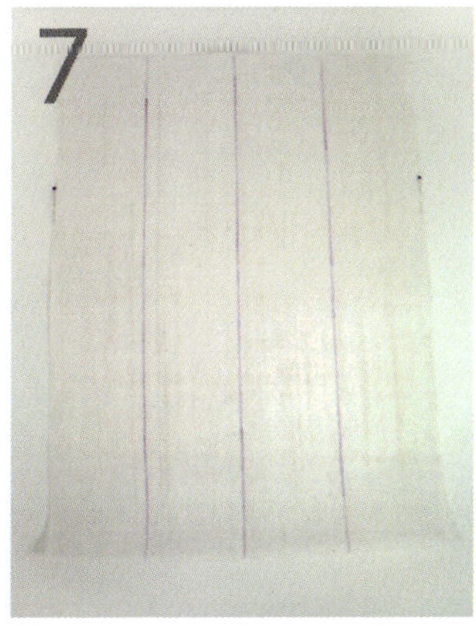

테두리가 되는 흰색 모시는 모시발의 길이보다 2cm 길게 마름질하고 폭은 32cm를 4등분하여 8cm로 마름질한다. 가장자리의 핀이 꽂힌 식서는 올 풀림 방지가 되어 있어 모시발 길이의 가장자리가 되는 부분이므로 절대로 자르지 않도록 한다.

식서를 제외한 가운데 흰색 모시를 모시조각 폭보다 양쪽으로 1cm의 여유를 주고 쌈솔로 이어준다. 모시발 길이의 위아래 테두리를 흰색 모시로 쌈솔한다.

흰색 모시를 식서가 가장자리로 가도록 두고 좌우의 모시조각 길이보다 1cm의 여유를 주고 쌈솔로 이어준다. 위아래 길이를 일정하게 자른다.

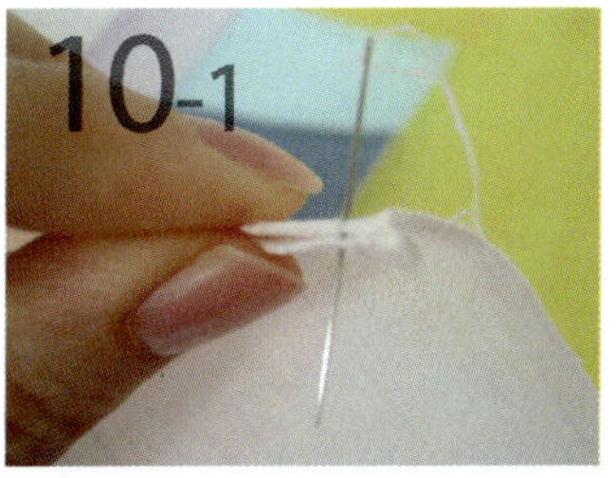

연잎 다과보의 가장자리와 같이 두 번 접고 감침질을 하고 펴서 다림질한다. 가장자리(핀이 꽂힌 부분)는 흰색 모시의 식서 부분이 되도록 한다.

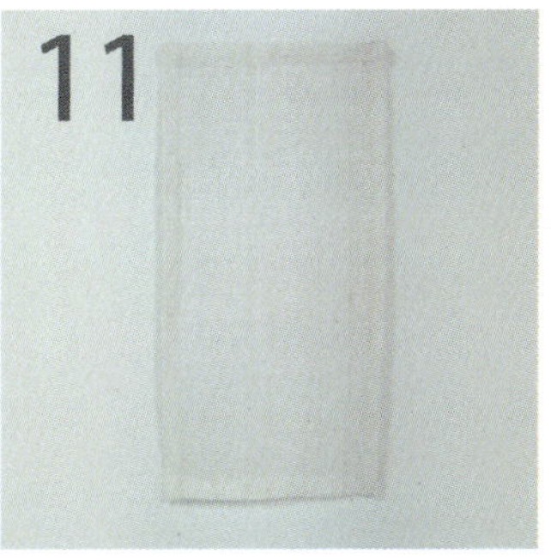

고리의 네 면도 같은 방식으로 두 번 접고 감침질한다.

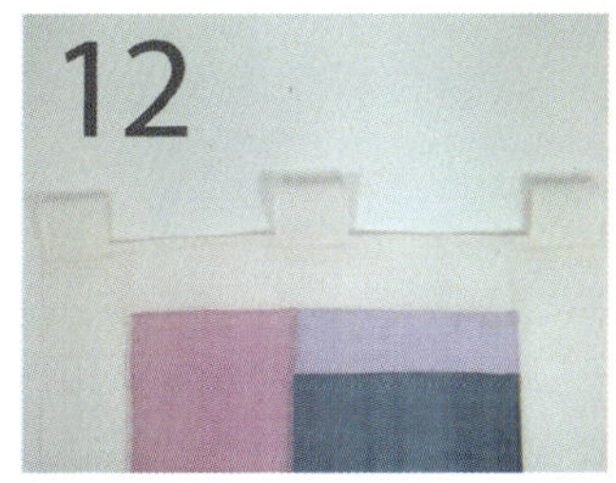

윗면에 봉을 걸 수 있도록 세 개의 고리를 접어 박음질한다.

연잎 다과보

연꽃을 볼 때면 어린 시절 읽었던 동화 효녀 심청이가 나올 것만 같
은 생각이 듭니다. 저는 개인적으로 연꽃을 가장 좋아합니다. 꽃이
크고 탐스러우며 연잎에 맺힌 이슬의 영롱함은 환상적이지요. 동양
자수를 배울 때 자수로 표현해야 하는 여러 종류의 꽃들, 연잎을 보
기 위해 식물원을 자주 찾았습니다. 이 작품은 연잎의 미세한 줄기
를 표현하기 위해 꼬집기 바느질법을 사용한 여인들의 세심함과 미
적 감각이 돋보이는 작품입니다.

연잎 다과보 본을 모시에 대고 시접 1cm로 남기고 마름질을 한다.

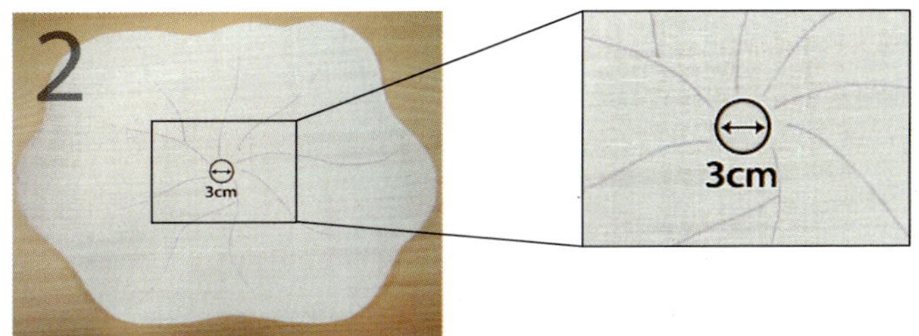

기화펜으로 꼬집기를 할 연잎 줄기선을 표시한다. 원 안으로 꼬집기가 모이게 되면 중심 부분이 솟아오를 수 있으므로, 사진과 같이 가운데 부분은 가상의 지름 3cm 원을 그려 그 밖에서부터 잎맥을 그린다.

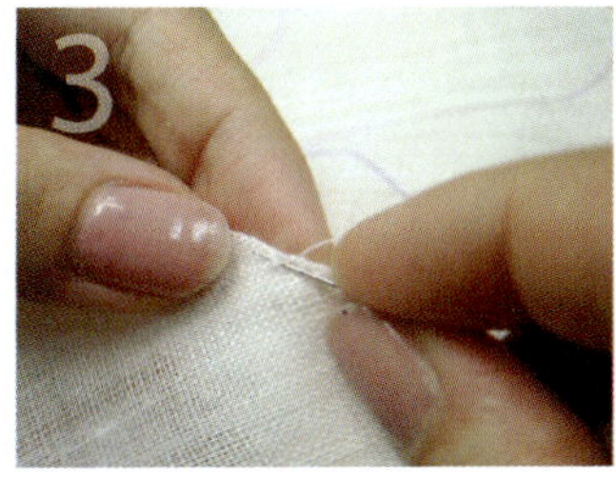

그린 선을 접고 접은 선에서 0.2cm 아래에 고운 홈질을 한다.

사진과 같이 연잎 줄기를 표현한다.

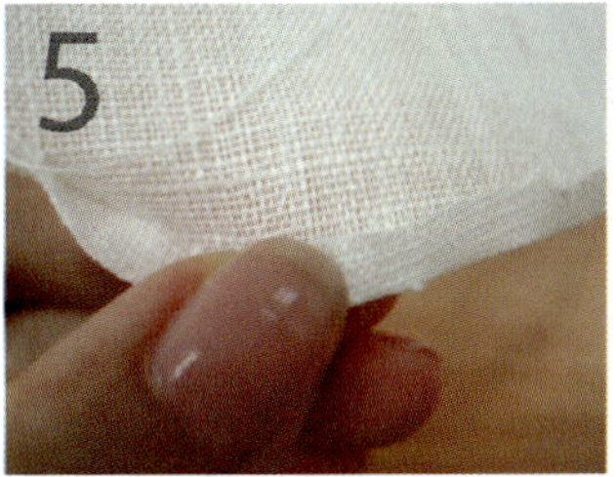

가장자리를 0.3cm 접어준다.

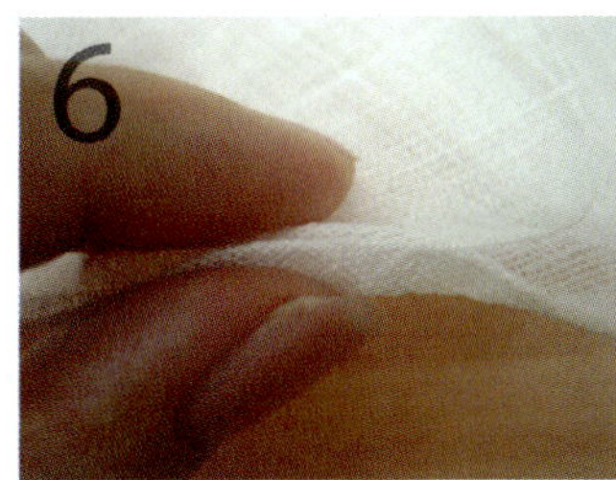

가장자리를 0.5cm 또 한 번 접고 뒤로 젖혀서 감침질을 한다. 이때 곡선 부분에서 시접이 남는 부분은 접어주어 곡선이 매끄럽게 나오도록 한다.

나뭇잎도 동일한 방법으로 시접 1cm 남기고 줄기를 꼬집기하고, 가장자리는 시접 0.3cm와 0.5cm 두 번 접은 후 젖히고 감침질한다.

나뭇잎을 중앙에 고정하고 그 위에 박쥐단추를 달아준다.

예단보

예단보는 예의를 갖추어야 하는 혼사에서 예단으로 보내는 물목을
적고 현금을 넣어 보내는 보자기를 말합니다. 신랑과 신부 양쪽 모
두 사용하며 장식 천을 댈 때에는 조각 장식, 자수, 금박 장식을 하
기도 합니다.

· **재료:** 숙고사(분홍, 자주), 연두, 파랑, 견봉사
· **마름질:** 숙고사(분홍 36cm×36cm 1장, 자주36cm×36cm 1장, 연두8cm×37cm 1장),
　　　　　조각 천(분홍, 자주, 연두, 파랑 4cm×4cm 각 2장, 분홍 6cm×6cm 2장),
　　　　　뒷감(분홍 10cm×10cm 1장)

한쪽 모서리는 끈이 들어갈 수 있는 창구멍(2.5cm×2.5cm)을 남기고 시접을 1cm로 하여 홈질한다.

시접은 겉감 쪽으로 접어 다림질하고 창구멍은 사진과 같이 접어 뒤집는다.

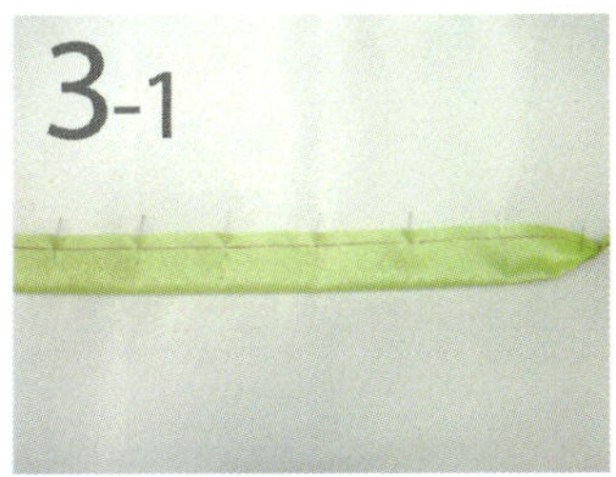

끈은 반을 접어 완성선을 표시한 후 박음질하고 한쪽 끈은 사진과 같이 골선을 박음선에 맞추어 접고 같이 박음질한다.

반대쪽 끈으로 뒤집으면 제비부리댕기 모양이 나온다.

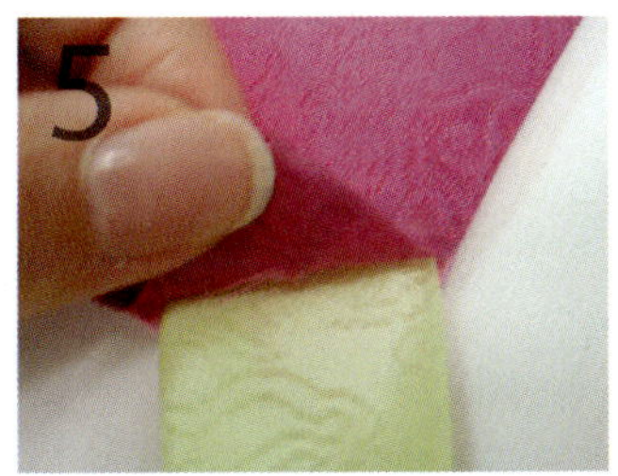

예단보의 창구멍으로 끈을 집어넣고 공그르기로 위아래를 바느질한다.

장식천은 작은 조각 네 개를 먼저 감침질하고 큰 조각을 연결한다.

반대쪽도 같은 방식으로 연결하여 조각 천 겉감을 만든다.

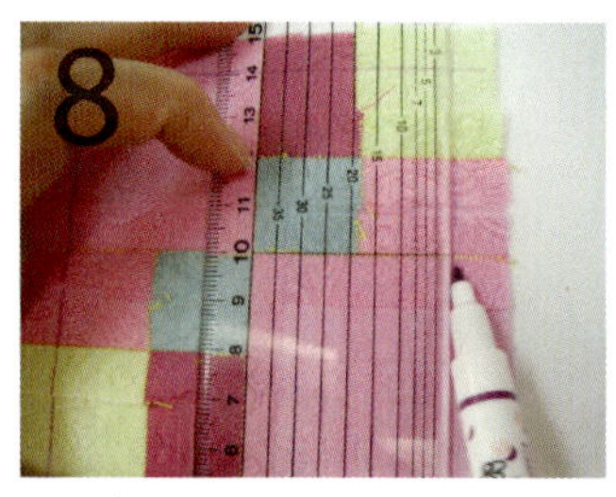

겉감의 안에 중심선을 기준으로 가로, 세로 선을 4cm에 맞추어 표시하고 안감을 대고 창구멍을 남긴 뒤 박음질한다.

장식 천을 끈이 있는 모서리 위에 핀으로 고정하고 끈이 통과되는 부분(3.5cm)을 표시한다.

사진과 같이 끈이 통과되는 부분을 장식 천만 세 땀 상침을 하고 나머지 부분은 보자기와 함께 세 땀 상침을 한다.

다기보

다기보는 차(茶)를 즐기던 시대에 다기를 넣어 휴대하고 다니던 주머니입니다. 요즘은 선물 포장 용도로 더 많이 활용되고 있습니다. 강의하는 커리큘럼 중에 가장 쉽고 만족도·활용도가 높지요. 그래서 모두들 한 마디씩 합니다.
"모든 작품이 다기보 같았으면 좋겠어요."
어려운 과정을 모두 거쳐 쉬운 작업을 하니까 그렇겠지요? 학생들도 설명을 잘못 이해해서 뜯을 일도 없고……. 필자도 수업하기에 편한 작품이지요. 다기보를 만드는 시간에는 청개구리 학생이 없어요.

· **재료:** 숙고사, 견봉사, 매듭 끈, 가락지매듭
· **마름질:** 32cm×32cm 2장(분홍, 연두)

예단보와 같이 정사각형으로 홈질하고 창구멍은 옆으로 내고 뒤집는다. 겉감 네 면의 중심에 핀을 꽂은 후 핀을 기준으로 양쪽 2.5cm에 기화펜으로 표시를 한다.

사진 1-2의 표시된 점을 기준으로 네 면을 접어 올린다.

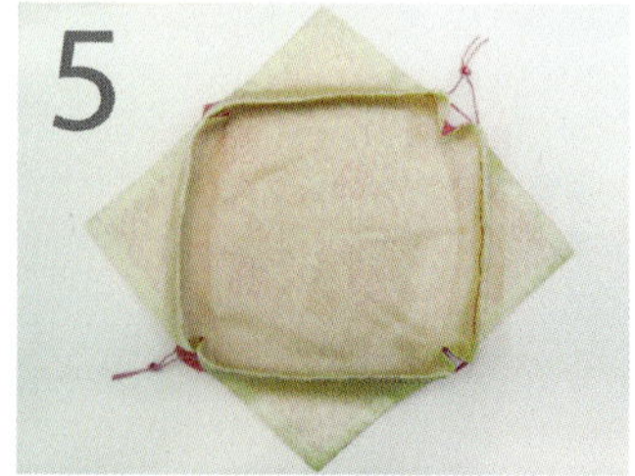

접어 올린 네 면의 접힌 부분에 1cm 의 선을 표시하고 지누사로 홈질을 하여 끈이 통과할 수 있는 통로를 만들어준다.

매듭 끈(중세사)을 통로를 통해 엇갈리게 넣어준다.

양쪽 끈목을 임시로 길이가 같게 느슨하게 묶어는다.

다기보의 모서리를 편 상태에서 끈목을 당겨준다.

끈목의 끝부분에 시작과 끝은 도래매듭, 가운데 가락지매듭 세 개를 끼워 손잡이를 만들어 완성한다.

완성된 모습

사주보

사주보는 혼인을 정한 뒤 신랑의 사주를 신부 집에 적어 보내는 사
주지를 싸는 보자기입니다. 사주란 태어난 연, 월, 일, 시를 말하는
것으로, 사주지를 보낼 때는 종이에 사주를 적고 일곱 등분을 하여
접어줍니다. 또한 구겨져서 예의에 어긋날 것을 우려하여 싸릿가지
를 반쪽으로 갈라 봉투를 넣은 뒤 붉은 홍실로 감싸고 사주보로 다
시 한번 싸서 보냈다고 합니다.

· **재료:** 숙고사, 금전지, 자수실, 견봉사
· **마름질: 겉감** – 숙고사(빨강 82cm×82cm),
　　　　　　 안감 – 숙고사(파랑 82cm×82cm)

다기보와 같이 겉(빨강)과 안(파랑)을
마주 대고 시접 1cm로 홈질하고 창구
멍으로 뒤집는다.

네 모서리에 금박을 찍는다.

네 모서리에 금전지를 달아준다. 술
길이는 5cm로 배씨댕기보다 길게 만
든다(배씨댕기 참조).

혼서보

李
碩
士
宅

入
納

혼서보는 함에 들어가는 혼서지를 싸는 보자기입니다. 귀한 따님을 아들의 배필로 허락해주심을 감사하는 의미를 담은, 중요한 문서를 싸는 보자기인 마큼 임금님의 구장복에 사용되는 귀한 새인 검은새을 겉감으로 사용합니다. 혼서지는 여인이 장롱 깊이 간직하였다가 저승으로 갈 때 관에 넣어주는 문서입니다. 염라대왕 앞에 현생에서 일부종사했다는 증명서와 같은 것이지요. 함에는 혼서지 이외에 치마, 저고리 옷감을 청, 홍 한지로 싸서 홍실, 청실로 근봉(謹封)합니다. 오곡주머니에는 지방마다 넣는 물건이 조금 다르지만 부부간의 금실이 좋길 바라는 의미로 찹쌀, 며느리가 어진 성품을 지니길 바라는 시어머니의 마음을 담은 노란 콩, 호사다마(好事多魔: 좋은 일에는 방해되는 일이 많다)라 하여 귀신을 쫓는 붉은색인 팥을 넣었습니다. 또한 부부의 조화로운 삶을 기원하는 숯과 일부종사하라는 의미로 모종을 하게되면 번식을 못 하는 목화씨를 같이 넣었습니다.

그 외에도 앞날이 거울과 같이 밝게 빛나길 바라는 의미로 거울과 가락지 등을 신부의 선물로 넣었다고 합니다.

· **재료:** 숙고사, 금전지, 자수실, 견봉사
· **마름질: 겉감** − 숙고사(검정 39cm×39cm)
　　　　　 안감 − 숙고사(빨강 39cm×39cm)

다기보와 같이 겉(검정)과 안(빨강)
을 마주 대고 시접 1cm로 홈질하고
창구멍으로 뒤집는다.

한 면이 37cm인 정사각형을 만들고
안감 쪽에 한 면에 5등분을 표시하는
점을 네 면에 찍어 놓는다.

사진과 같이 대각선에서 바로 옆에
표시선을 접어준다.

그다음 표시선에 핀을 꽂고 접어준다.

그다음 표시선에 핀을 꽂고 접어준다.

마지막 표시한 점을 접어준다.

반대쪽도 똑같이 접어준다. 보자기를 사진과 같이 접어 봉투 모양을 만든 후 다림질하여 고정시킨다.

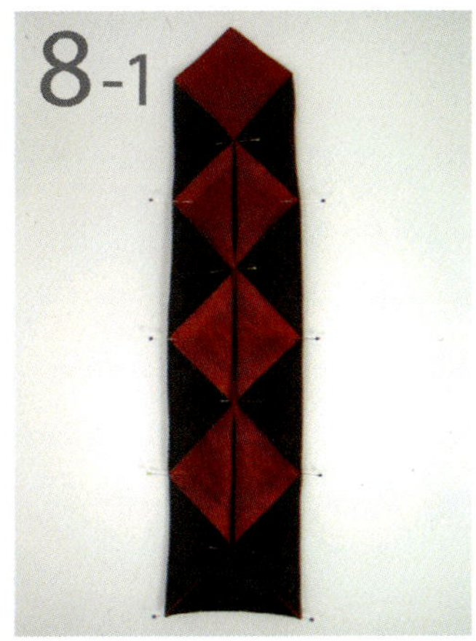

아랫부분을 접어 올려 아랫부분은 막아주고 핀이 꽂힌 열두 곳을 고정시키는 바느질을 한다.

고정시킨 열두 곳에 술을 달아준다.

붉은색 감으로 연봉단추를 만들어 덮개 안쪽에 달아준다.

혼서지를 넣고 뚜껑을 닫은 후 연봉단추를 걸어 고정한다.

복을
담고 싶은
마음

색동 두루주머니

규방공예에는 주머니 종류가 많습니다. 물건을 귀하게 여기는 우리 조상들의 살뜰함과 지혜를 엿볼 수 있습니다. 주머니는 형태에 따라 두루주머니·귀주머니로 분류가 되며, 장식에 따라 장식이 없으면 민주머니, 수를 놓으면 수주머니, 색동 장식을 하면 색동 주머니, 금박을 찍으면 금박 주머니로 분류가 됩니다. 또한 용도에 따라 약낭·필낭(붓을 넣는 주머니)·수저집·도장주머니·술병주머니 등이 있으며, 재료에 따라 모본단주머니·명주주머니·숙고사주머니·무명주머니 등이 있습니다. 색동 두루주머니는 주머니의 기본이 되므로 잘 이해하면 다른 주머니를 만들기 수월합니다.

· **재료:** 숙고사, 노방, 견봉사, 매듭 끈
· **마름질:** 겉감 – 숙고사(21cm×16cm 1장, 21cm×11cm 1장, 4cm×8cm 9장)
　　　　　　 안감 – 노방(21cm×12cm 2장)

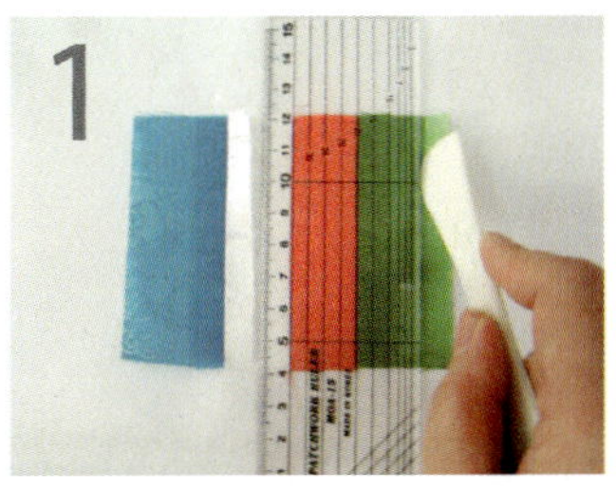

사진과 같이 색동 너비가 정확하게 2cm 되도록 감침질하고 솔기는 가름 솔로 다린다.

아홉 개의 색동 조각을 모두 연결 한다.

사진과 같이 색동과 겉감 조각을 감 침질로 이어 겉감을 만들고 시접 1cm 선을 긋고 안감과 박음질한다.

뒤의 겉감에도 안감을 대고 시접을 1cm 두고 박음질한 후 솔기를 맞추어 시침한다.

④의 시침을 하고 나면 솔기를 맞추 어 시침한 선을 기준으로 겉감 쪽으로 2cm 내려와 반을 접어 겉감 두 장, 안감 두 장이 되도록 접는다. 주 머니 본을 대고 완성선을 그린다.

본을 대고 아래 편평한 부분에 색동 세 조각을 남기고 양쪽의 네 겹이 울 지 않도록 핀을 촘촘히 꽂고 박음질 한다.

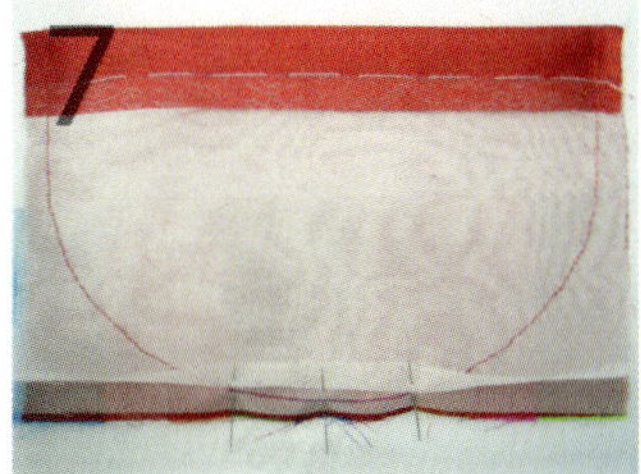

뒤로 돌리고 안감을 하나 들고 양쪽 박은 선과 연결되도록 세 장을 박음 질한다.

시접을 1cm 남기고 자른 후 겉감 쪽 으로 접어 다림질한다.

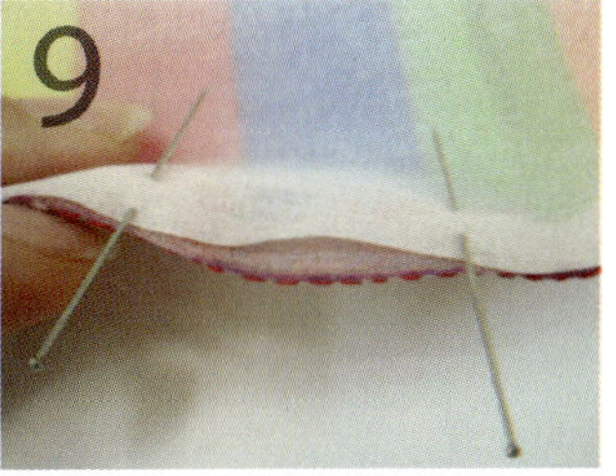

창구멍으로 뒤집고 공그르기로 막아 준다.

다시 한번 뒤집으면 주머니 모양이
나온다.

주름을 잡기 위해 양쪽의 솔기를 맞
추고 핀을 꽂아 반을 표시한다.

전체적으로 다섯 개의 주름을 잡는
데 한쪽에서 두 개 반의 주름을 잡으
면 된다.

사진과 같이 양쪽에 다섯 주름을 잡
아 시침실로 고정시켜 놓고 2.5cm
아래에 송곳으로 구멍을 뚫고 매듭
끈을 꿰어 완성한다.

매듭 끈을 달아준다.

귀주머니

귀주머니는 귀가 달린 모양을 하고 있어서 귀주머니라 불리고, 네모진 각이 있
다고 하여 각낭(角囊)이라고도 합니다. 남자들이 바지의 허리끈에 묶고 소지품
을 넣어 사용하던 주머니입니다. 원래 우리 한복에는 포켓이 없습니다. 아마도
귀한 천을 잘라서 구멍을 내야 하는 것이 쉽지 않아서였을 것입니다. 그래서 규
방공예에 주머니가 용도별로 다양하게 탄생되었겠지요. 서양 문물을 받아들이
면서 복식에도 변화가 생겨 옷에 편리한 포켓이 생기면서 주머니가 자취를 감추
었지만 한복에서 하나의 패션 아이템이었다는 점을 상기하면서 만들어보세요.

겉감 반을 접어 양쪽에 가위로 꼭지
각을 하여 길이의 중심을 표시한다.

간지 천에 본을 대고 곡선에 가위집을 주고, 본의 가장자리에 풀칠을 하고 다리미로 눌러 곡선을 접어준다(본은 풀칠
을 해야 하기 때문에 코팅이 되어 있는 우유팩을 말려 사용한다).

풀이 마르면 본을 바늘 끝으로 살살
뜯어내고 다리미로 다시 한 번 다려
간지 장식을 두 개 만들어 둔다.

겉감의 중심에 간지 장식의 중심을
맞추어 놓고 가운데 연결 조각을 넣
어 핀으로 고정해 둔다.

곡선 안쪽으로 시침하여 고정한다.

간지 장식의 가장자리 0.2cm 안쪽
으로 세 땀 상침 장식을 한다.

안감의 중심선을 표시하고 시접을
1cm 표시한다.

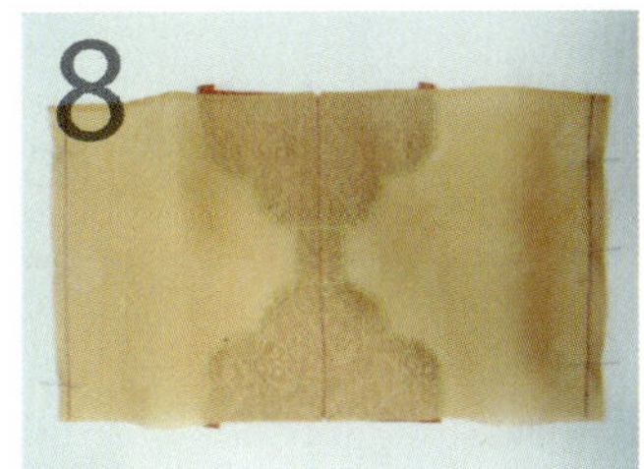

겉감의 겉에 안감의 겉을 대고 시접
을 박음질한다.

⑧의 박음선을 기준으로 겉감 두 겹,
안감 두 겹이 되도록 접고 박음선을
시침한다.

시침선에서 1cm 내려와 겉감 쪽으로
접어 겉감과 안감의 끝을 맞추고 양
쪽 시접을 1cm로 두고 창구멍을 남겨
박음질한다.

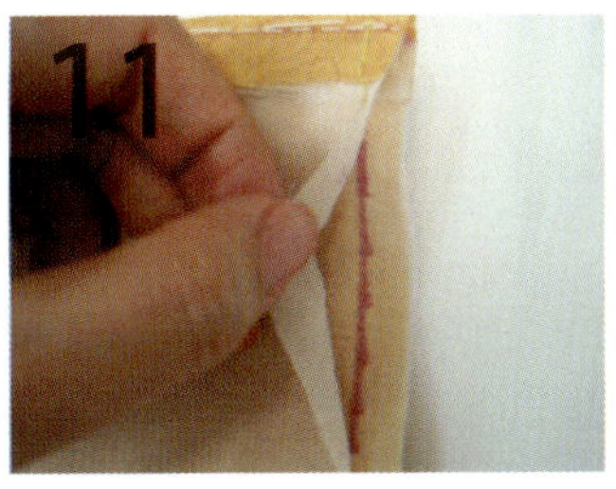

시접을 겉감 쪽으로 다리고 창구멍으
로 뒤집어 공그르기하고 또 한 번 뒤
집는다(색동 두루주머니와 같다).

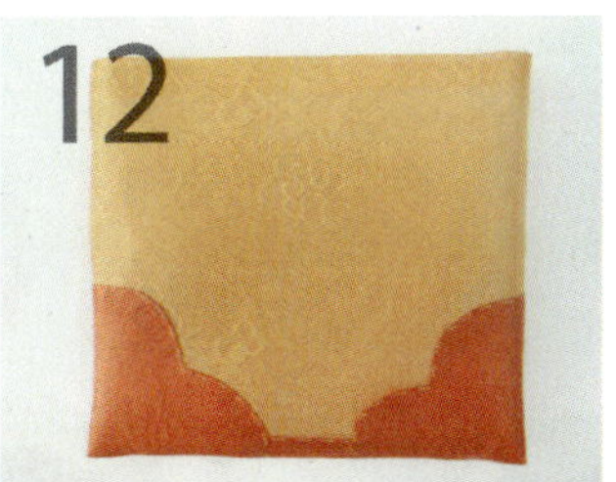

양옆의 솔기가 잡히지 않는 쪽을 앞
면으로 놓는다.

  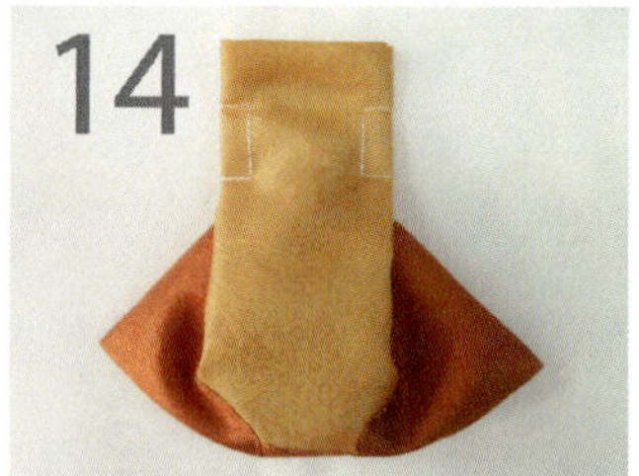

양옆의 솔기를 기준으로 3등분을 하고 오른손을 뒤로 하여 접어준다(왼손이 뒤로 가면 주머니 모양이 나오지 않는다).

시침을 하고 네 겹이 겹치지 않는 곳에 구멍을 뚫어 매듭 끈을 끼워 넣는다.

잠자리매듭을 매어준다.

강릉주머니

강릉주머니의 명칭은 강원도 강릉지역에서 왔습니다. 어부들이 고기를 잡으러 갈 때 부적을 간직하면 배가 뒤집히지 않는다고 믿었기 때문에 부적을 넣어가지고 다니던 주머니입니다. 배의 닻은 배를 한곳에 떠 있게 하거나 멈추게 하기 위하여, 줄에 매어 물 밑바닥으로 가라앉히는 쇠로 만든 갈고리와 같은 형태입니다. 강릉주머니는 이 닻의 갈고리 모양과 비슷한 모양을 하고 있지요. 고기를 잡는 동안 배의 안전을 소망하는 어부들의 염원을 담은 주머니입니다.

· **재료:** 장지견, 노방, 견봉사, 매듭 끈
· **마름질:** 겉감 – 15cm×15cm 2장
　　　　　안감 – 15cm×14cm 2장

겉감과 안감의 겉을 마주 대고 1cm
의 시접을 박음질한다.

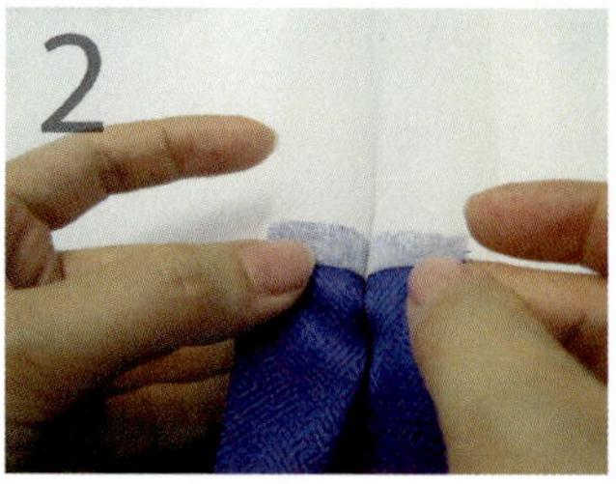

겉과 겉의 솔기를 마주 대고 시침
한다.

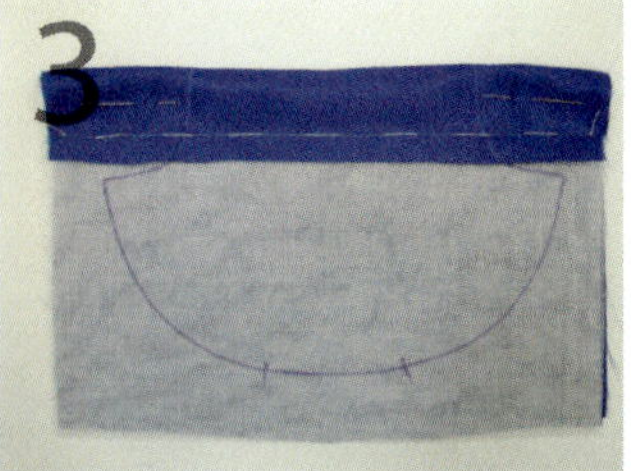

시침 선에서 2cm 내려 겉감 쪽을 접
어 움직이지 않게 핀으로 고정하고
아래쪽에 창구멍을 표시한다.

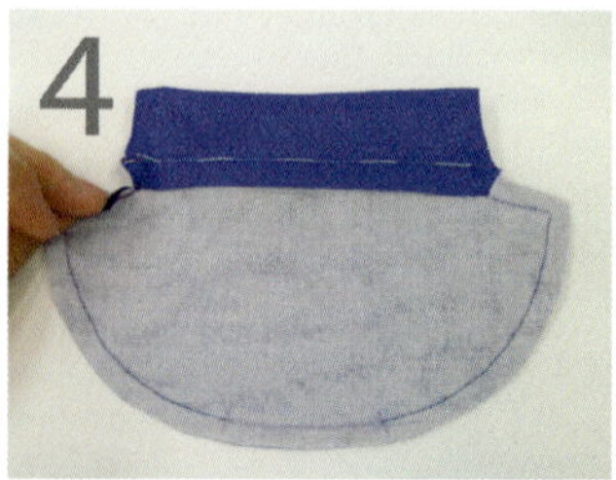

창구멍을 안감에 남기고 박음질하고
시접을 1cm 남기고 자른다. 주머니의
곡선은 1cm 간격으로 가위집을 주고
겉감 쪽으로 다려 뒤집는다.

시접이 잡히지 않는 방향을 앞으로
놓는다.

솔기를 마주 대고 핀을 꽂아 절반을
표시하고 핀을 꽂은 앞 중심의 양쪽
에 하나 반의 주름을 잡는다.

앞뒤로 하나 반의 주름이 잡히므로
양옆에 세 개의 주름을 잡는다.

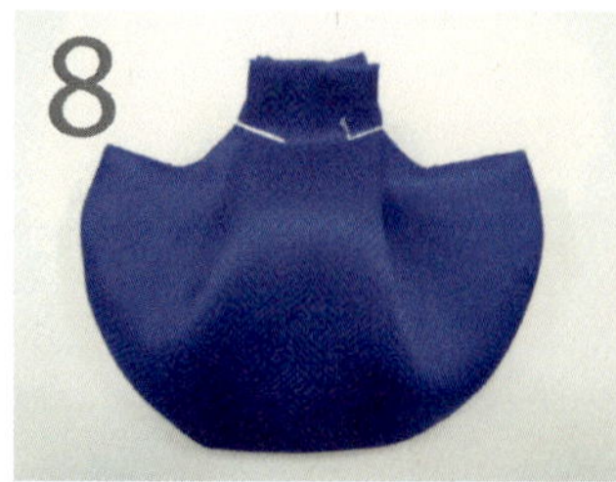

시침을 하고 송곳으로 뚫을 곳을 표
시한다.

빨간색 매듭 끈을 끼운다.

약주머니는 환약을 넣어 차고 다니던 주머니를
말합니다. 약을 넣어 휴대하는 실용적인 주머
니이지만 장식을 위해 달기도 하였으므로 자수
를 놓아 화려하게 만들었습니다. 직사각형의 모
양을 접어 만들기 때문에 가로와 세로의 완성
치수가 16cm와 32cm로 정확하게 1:2의 비율
이 맞아야 합니다. 이 비율이 1:3이면 수저집을,
1:4이면 필낭을 만들 수 있습니다.

· **재료:** 모본단, 견봉사, 매듭 끈
· **마름질:** 겉감 – 10cm×10cm 흰색 4장, 10cm×10cm 자주·북청색 2장씩
　　　　　 안감 – 34cm×18cm 회색 1장

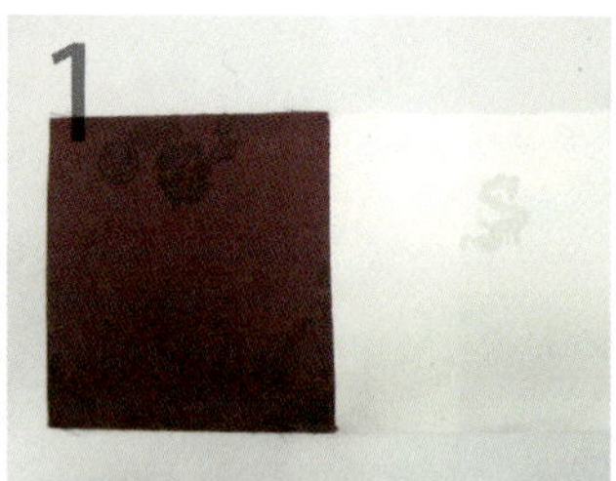

시접은 1cm로 두고 곱게 감침질하고 가름솔한다.

①을 또 하나 만들어, 네 조각을 감침질한다.

②를 또 하나 만들어 여덟 조각을 감침질한다(안감을 대고 뒤집어 종이를 접듯이 만들기 때문에 각 조각마다 정확하게 완성선을 둔다).

겉감의 겉과 안감의 겉을 맞대준다.

완성선을 표시한 후 창구멍을 남기고 박음질한다. 세로의 길이를 가로 길이의 두 배로 한다.

뒤집어서 다림질을 하고, 창구멍을 공그르기로 막는다.

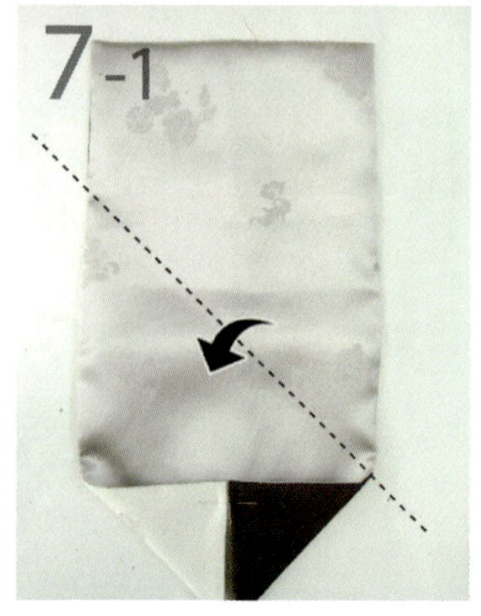

사진과 같이 중심선을 기준으로 안쪽으로 접는다. 사진과 같이 점선을 따라 돌아가며 접고 시침핀으로 고정한다.

점선을 따라 돌려 감침질을 한다.

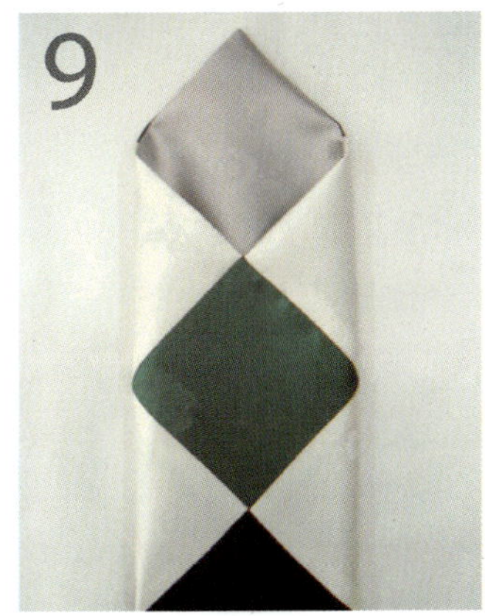

감침질을 마무리한다.

양옆 선을 1.5cm 안으로 접어 넣고 시침한다.

실로 시침하여 고정한다

매듭 끈을 단다.

선비주머니

선비주머니는 선비들이 담배를 넣어 가지고 다니던 주머니입니다. 생긴 모양이 매미와 닮았지요? 매미는 오덕(伍德)을 갖추고 있다고 전해지며 인품의 고결함과 지체의 고귀함을 상징합니다. 옛사람들은 "이슬을 먹고 밥은 먹지 않는다" 하는 등 자신의 고결함을 매미에 비유하여 말하기도 하였고, 악(惡)과 탐욕(貪慾)에 대한 경계를 의미하여 여성의 의상을 장식하는 노리개와 생활 소도구의 장식무늬로 많이 사용됩니다. 선비들도 이와 같은 의미로 매미주머니를 가까이하였다고 할 수 있습니다.

· **재료:** 숙고사, 견봉사, 매듭 끈, 가락지매듭
· **마름질:** 32cm×32cm 분홍, 연두 1장씩

다기보와 같은 방식으로 겉감의 겉과 안감의 겉을 마주 대고 홈질하여 뒤집는다.

대각선의 모서리를 안감 방향으로 중앙점에서 맞대어 접어준다.

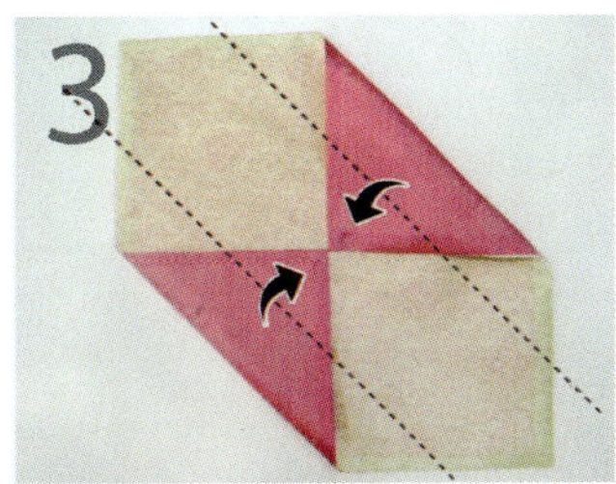

점선을 따라 한 번 더 안감 방향으로 접어준다.

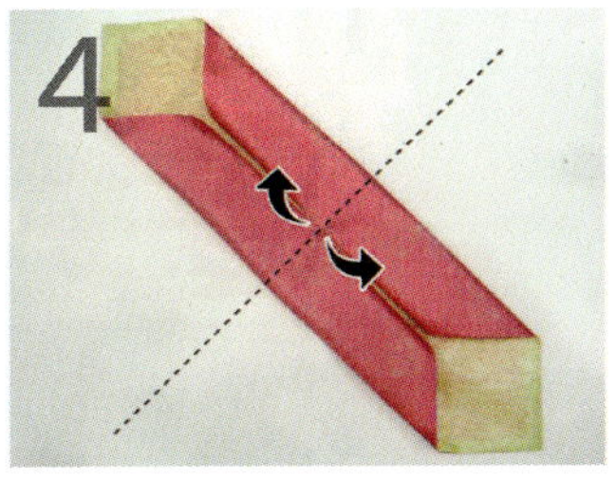

점선을 기준으로 화살표 방향을 따라 한 번 더 접어준다.

앞뒤 면의 옆선 길이가 같도록 한다.

양쪽 옆선을 1.5cm 아래로 접어준다.

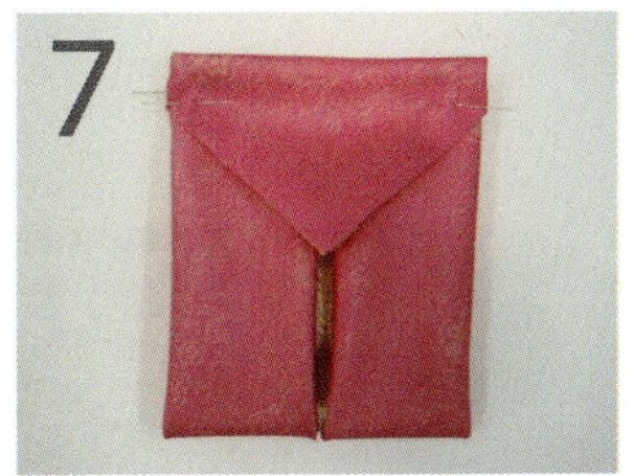

핀으로 고정하고 잘 정리한다.

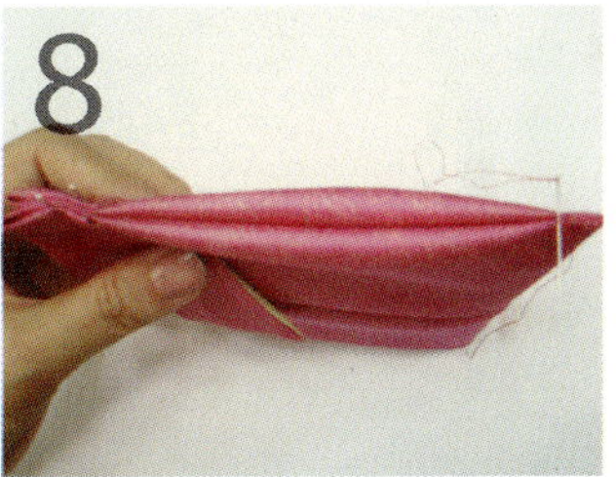

옆선을 감침질한다.

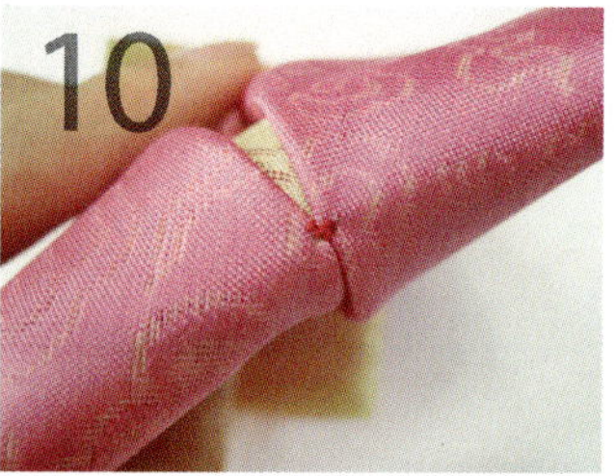

아래쪽을 실로 징거준다.

위에서 1cm 선을 표시하고 세 땀 상
침을 하여 끈목이 통과될 공간을 만
들어준다.

다기보와 같이 끈목이 교차되도록 하
고 가락지매듭을 끼워 완성한다.

도장주머니

도장주머니는 신랑에게 예물을 보낼 때 함에 넣어 선물합니다. 신랑
이름을 새긴 인감도장을 넣은 도장주머니를 반지, 시계와 함께 예물
함에 담아 청홍 보자기에 싸서 보냅니다. 결혼을 하면 한 집안의 가
장이 되는 것이라 여겨 집이나 땅과 같은 문서를 얻을 때 사용하라는
의미로 넣어 주었습니다.

· 재료: 양단, 노방, 매듭끈, 견봉사
· 마름질: 겉감 – 양단(12×14.5cm)
          안감 – 옥양목(12×11.5cm)

겉감의 겉에 안감을 대고 시접을
1cm로 두고 박음질한다.

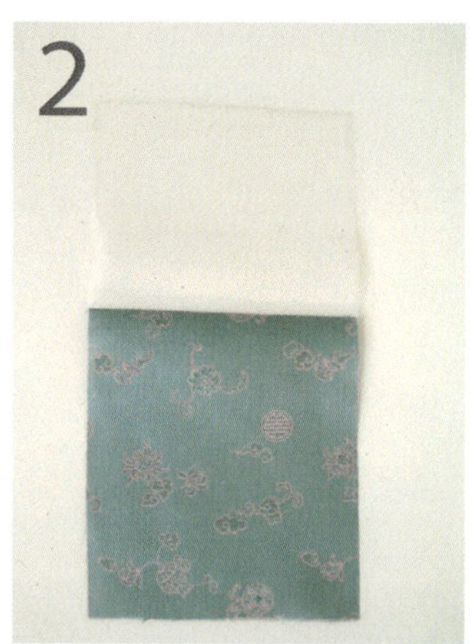

솔기를 가름솔로 다리고 겉이 위로
오도록 둔다.

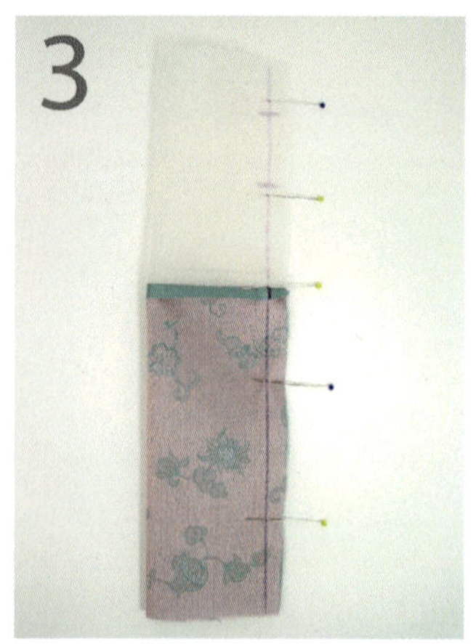

길이로 반을 접어 박음질한다. 완성
너비가 5cm가 되도록 선을 그리고
안감에 창구멍을 남긴다.

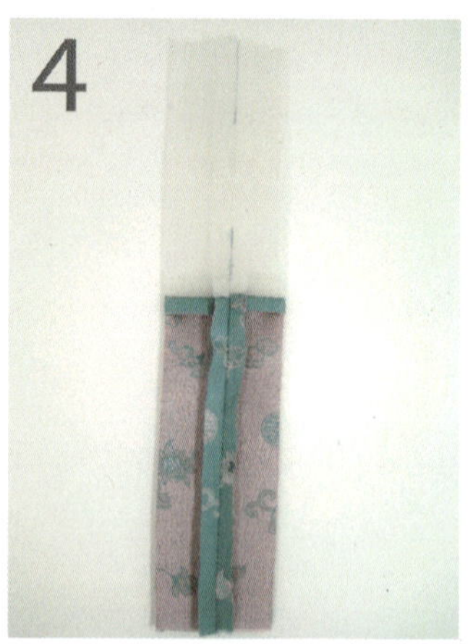

솔기가 가운데로 오도록 다림질한다.

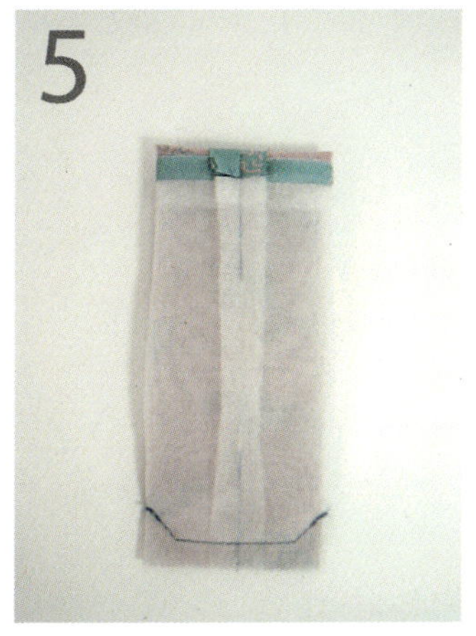

길이로 반을 접어 네 겹을 시접 0.7cm
로 두고 사진과 같이 박음질한다.

창구멍으로 뒤집어준다.

매듭 끈을 달아 완성한다

第4章

복을 받은 아기씨

제비부리댕기

제비부리댕기는 제비의 부리와 모양이 같다고 해서 붙은 이름입니다. 댕기는 반드시 미혼녀만 사용한 것이 아니라 부녀자들도 쪽댕기라 하여 댕기를 사용하였고, 앞댕기·도투락댕기·고이댕기와 같이 장식만을 위한 것도 있었습니다. 성별에 따라 처녀는 홍색을, 총각은 흑색을 사용하였습니다. 댕기를 드릴 때는 머리와 같이 땋고 넥타이를 맬 때와 같이 한 바퀴 돌려 고를 만들어 그 속에 넣습니다. 제비부리댕기는 만들기도 쉬우니, 만들어서 금박도 찍어 선물해보세요.

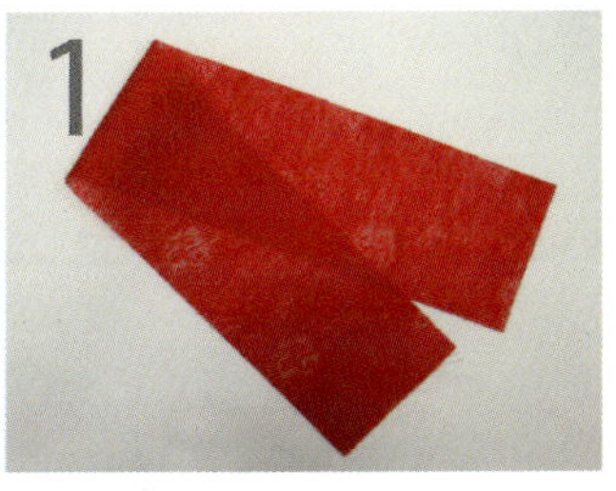

붉은색 숙고사를 준비한다. 어린이 댕기(완성 너비 3.5cm, 길이 60cm), 성인 댕기(완성 너비 5cm, 길이 80cm)

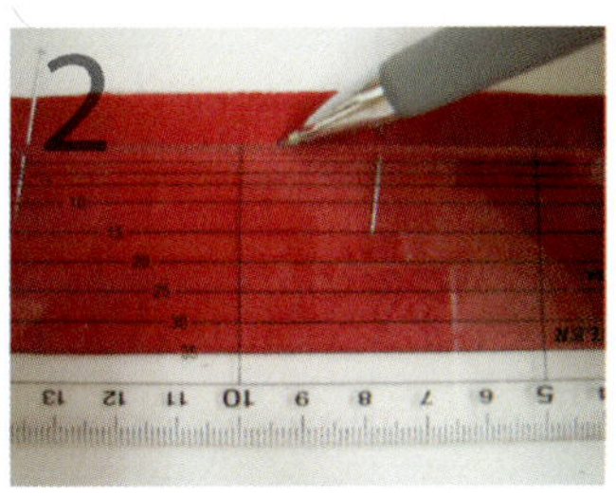

댕기폭을 반으로 접은 골선에 시접자에 표시된 35mm의 선을 대고 완성선을 그린후 창구멍을 표시한다.

창구멍을 남기고 박음질한다.

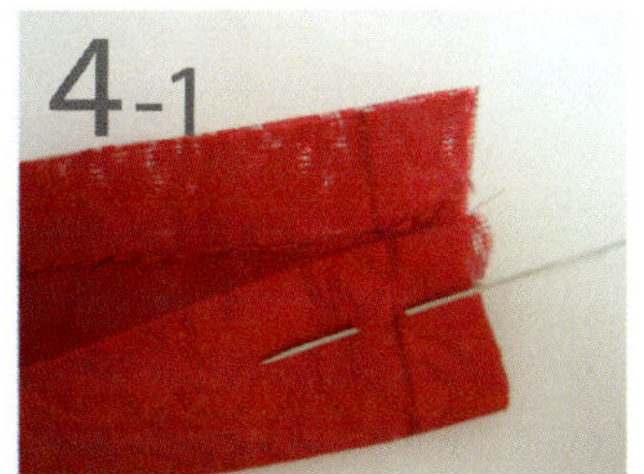

댕기의 골선을 박음선에 대고 핀으로 고정하여 박음질한다.

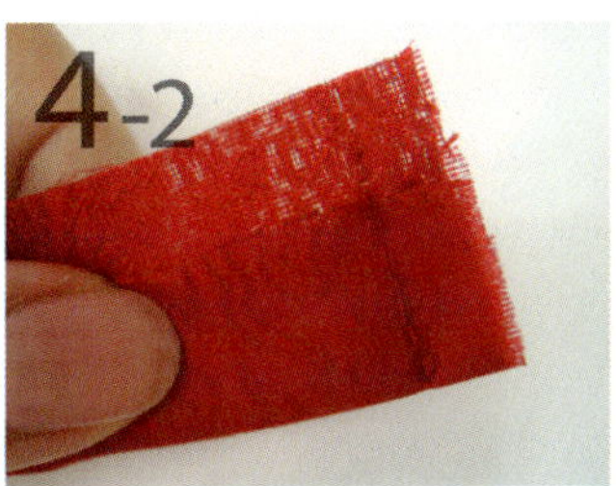

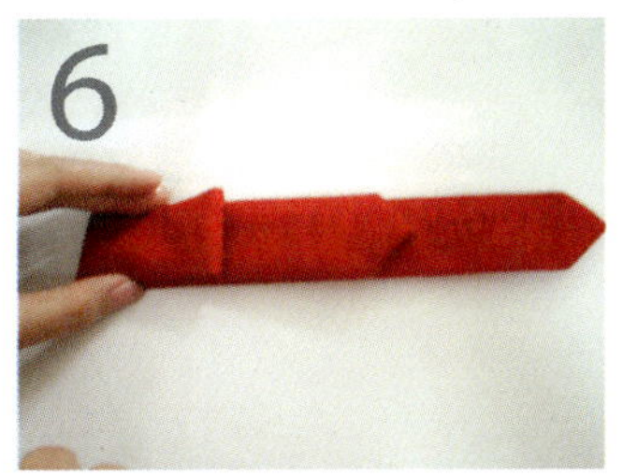

다림질을 하고 창구멍으로 뒤집은 뒤 공그르기로 막아준다.

사진과 같이 접어 금박 찍을 위치를 정해둔다.

금박을 핀으로 고정시킨 뒤 다리미를 뜨겁게 달궈 금박을 밀지 말고 눌러준다.

댕기의 긴 쪽에 세 개, 가운데 두 개,
맨 위에 한 개의 금박을 찍어준다.

금박이 스며들고 식을 시간(2분)을
두고 금박종이를 뜯어낸다. 노방을
대고 다시 한 번 살짝 열을 가해 금박
광택을 줄여준다(오래 다리미를 대고
있으면 금박이 날아가기 때문에 주의
해야 한다).

배씨댕기

배씨댕기는 배의 씨 모양과 같다 하여 배씨댕기라고 합니다. 정확한
사전적 의미는 은으로 배씨(梨種子) 모양을 만들어 칠보(七寶)로 장
식한 어린이용 댕기를 말합니다. 머리카락이 아직 한 줌 안에 들지
않는 서너 살 여자아이의 수식(修飾)으로 사용하였지요. 양편에 검정
면실로 보조댕기를 가늘게 달아 가르마 중앙에 배씨를 놓고 양편으
로 가른 머리를 바둑판처럼 나누어가며 배씨댕기와 같이 땋아 짧은
머리를 고정시켰다고 합니다. 과거에는 어린 여자아이들만 사용하였
으나 요즈음에는 한복의 장신구로 어른들도 사용하고 있습니다.

· **재료:** 도류단, 견봉사, 배접지, 광목, 금전지, 자수실, 검정 면사, 진주구슬
· **마름질: 겉감** – 도류단(노랑 4cm×4cm, 빨강·노랑·파랑·자주 4cm×8cm), 검정 면실
        70cm 18올
      아래 감 – 도류단 분홍 7cm×7cm

가운데 중심이 되는 노란색은 완성치수(2cm×2cm)를 헤라로 표시하고 다림질을 한다. 파란색은 시접 0.7cm로 접어 다림질을 하고, 노랑 중심의 시접을 접고 감침질을 한다.

파란색의 끝에 맞추어 분홍색을 감침질하고 가름솔한다.

분홍색의 끝에 맞추고 자주색을 감침질하고 가름솔한다.

자주색의 끝에 맞추고 빨간색을 감침질하고 사진과 같이 파란색의 아래쪽에 빨강 시접이 들어가도록 감침질한다.

감침질한 선의 0.2cm 아래로 고운 세 땀 상침을 한다.

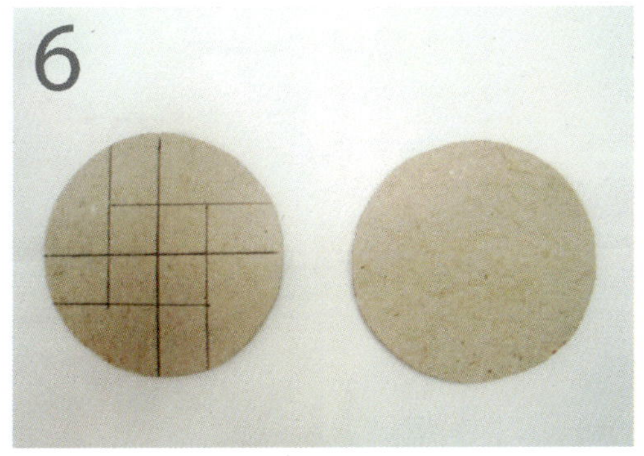

지름 5cm의 둥근 배접지를 두 장 준비하고 장식 천의 배접지에는 왼쪽 사진과 같이 가운데 2.5cm의 가로, 세로 선을 기준으로 1cm의 감침질한 선을 그려 놓는다(이렇게 그려 놓아야 가운데 노랑이 중심으로 오도록 할 수 있다).

조각천의 안쪽에 배접지의 노란색 표시선을 감침질한 선에 대고 가장자리 시접을 1cm 두고 잘라낸다.

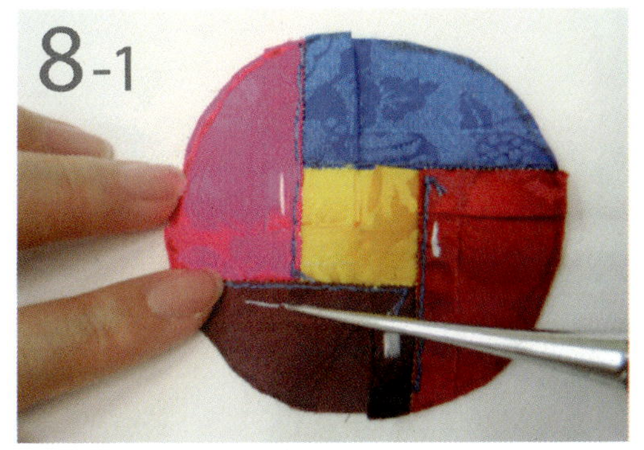

솔기에 풀을 조금 바르고 배접지를 올려놓고 가장자리에 풀을 바르고 솔기를 접어 올린다.

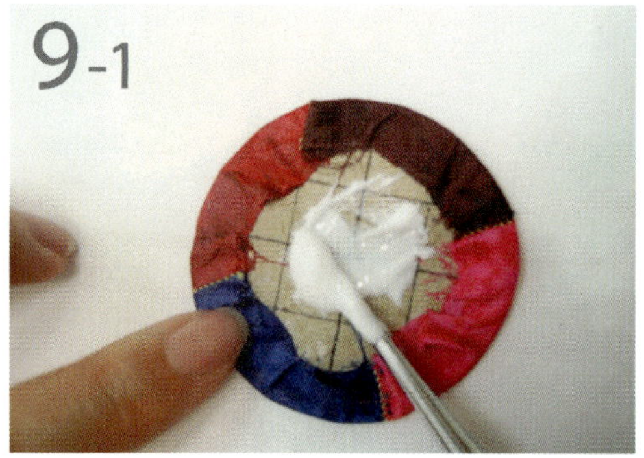

안쪽에 풀을 충분히 바른 후 배접지보다 0.2cm 작게 자른 홑배접지를 덮어준다.

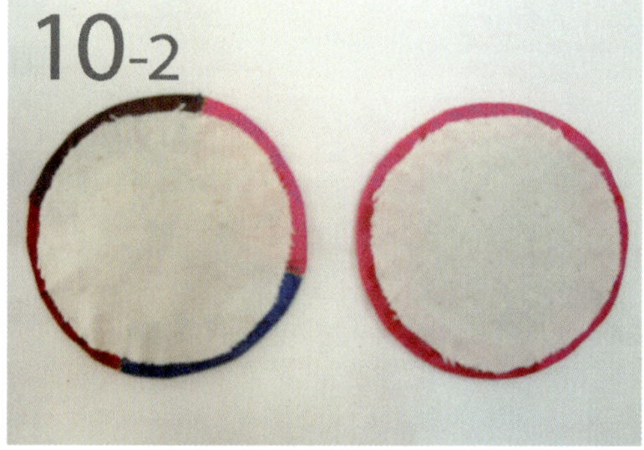

아래쪽은 머리에 닿는 부분이고 보이지 않기 때문에 분홍색 한 장으로 만들고 오른쪽 사진과 같이 홑배접을 붙여둔다.

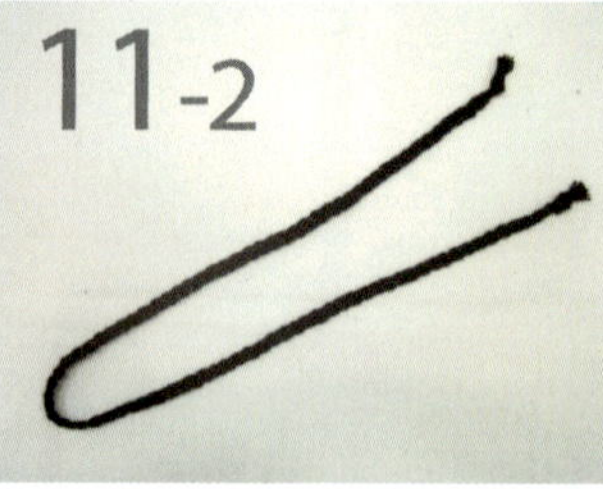

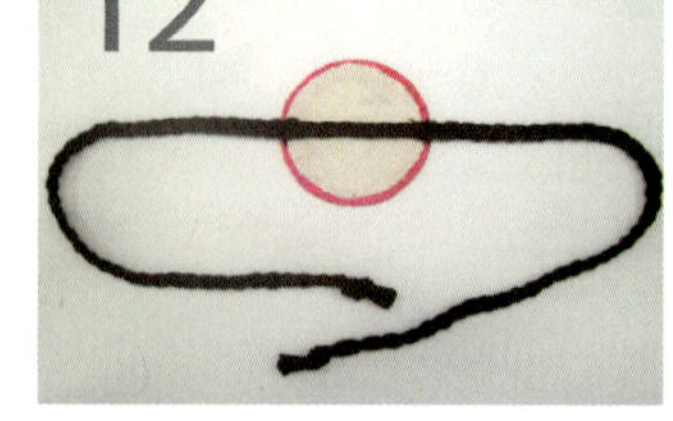

검은색 굵은 면사 18올을 6올씩 셋으로 나누어 땋은 머리를 느슨하게 만들어 둔다.

아래쪽 배접지의 중앙에 검정 면사 땋은 실을 고정한다.

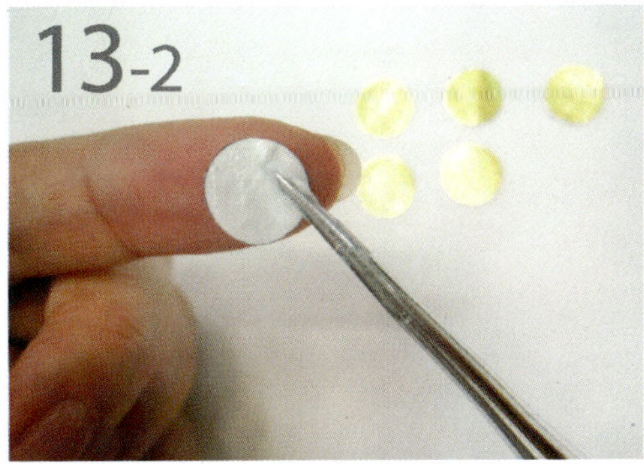

노란 자수실 30cm 6올을 세 번 접고 한 가닥으로 가운데를 묶어 앞뒤로 접어준다. 금전지를 지름 1cm인 원을 여섯 장 만든다(보라색 기화펜의 뚜껑으로 그리면 적당하다). 송곳에 풀을 묻혀 금전지 안쪽에 바른다.

노란 실을 중심으로 반으로 접어 붙이고 반대쪽에 또 하나의 금전지를 붙인다.

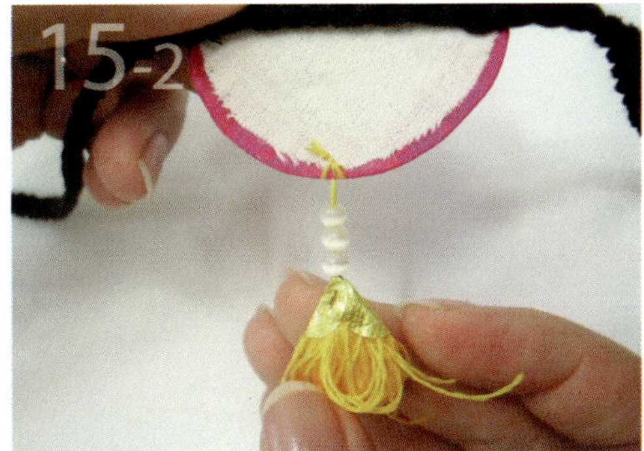

작은 진주나 캐츠 아이 세 알을 실에 끼운 뒤 이마 중심에 고정한다. 이때 0.5cm 간격을 주어 술 장식이 흔들릴 수 있도록 해야 한디.

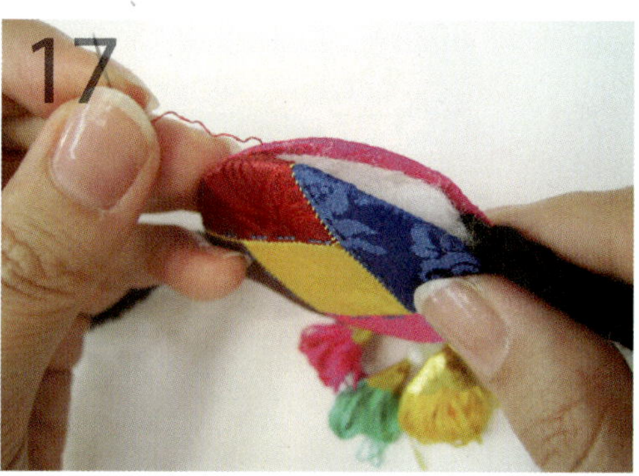

가운데 노란색을 기준으로 양쪽으로 0.5cm 간격을 두고 분홍색과 파란색을 고정한다.

조각 장식을 한 윗감을 덮고 감침질한 후 솜을 넣어주고 사뜨기로 마무리한다.

자수실은 둥근 모양이 나오게 자른다. 자수실은 마찰이 가해지면 올이 쉽게 풀어져 보기 싫게 되므로 마지막 단계에서 자른다.

조바위는 난모(暖帽)라 하여 방한을 위해
사용한 여인들의 모자입니다. 요즘은 여아의 돌잔치에서
쓰는 것을 가끔 볼 수 있지요. 조바위는 조선말에 생겨난 것으로
아얌이 차차 사라지면서 가장 널리 사용된 부녀자의 방한모 겸 장식용입니다.
정수리는 위생적인 면을 고려하여 터져 있으며 뺨이 닿는 곳은 동그랗게 하여
귀를 완전히 덮고 바람을 막기 위해 가장자리를 오므리는 형태입니다. 조바위
의 앞뒤에 오봉술과 삼봉술을 달고 진주구슬 한 줄을 왼쪽에 고정하고 뒤에는
비녀와 뒤꽂이를 한 쪽을 진 머리를 상상해 보세요. 우리 조상들의 멋스러움
이 느껴지지 않나요?

· 재료: 모본단, 양단, 아사심, 오봉술, 삼봉술, 진주, 견봉사
· 마름질: 모본단 · 양단 · 아사심 30×55cm씩

조바위 제도

머리둘레
2 +1
3
7.5
3
0.3
6.5
2
2.5
2.2
3
3
6
3
3
4.5
2
1
4
2
머리둘레
2 -3
성인조바위

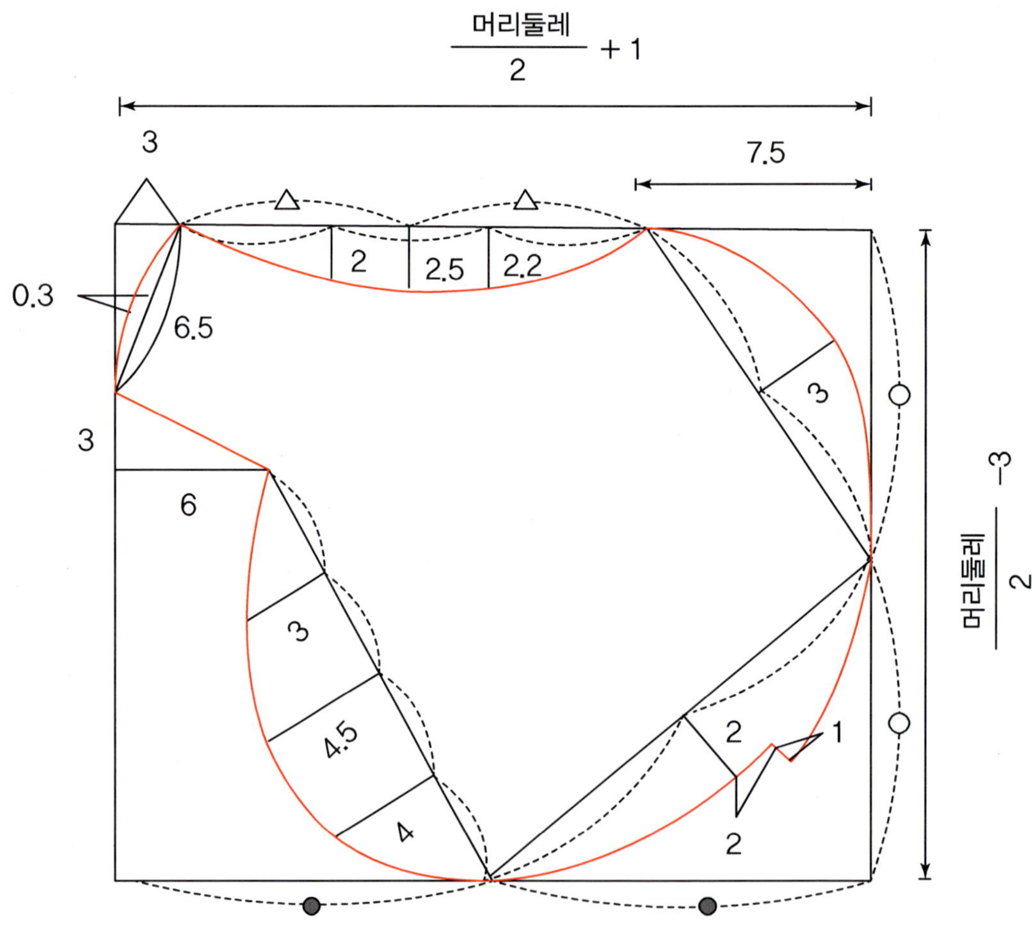

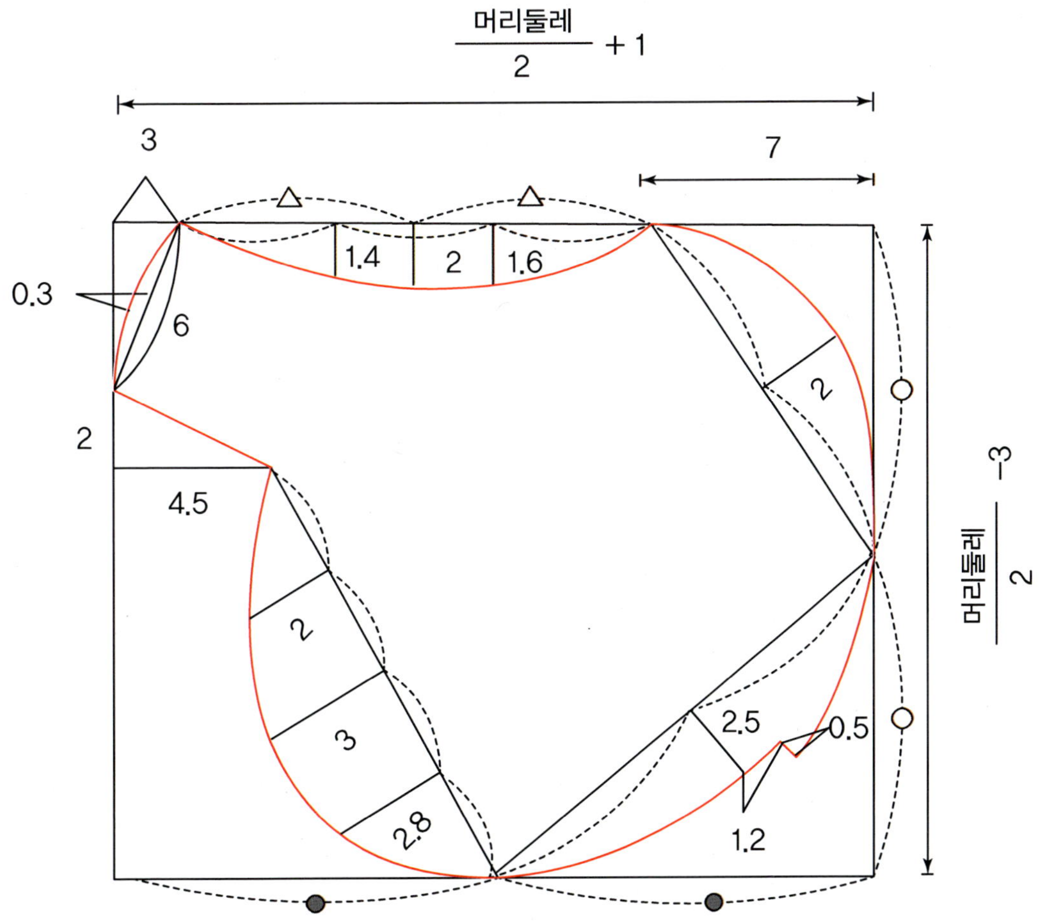

여아조바위

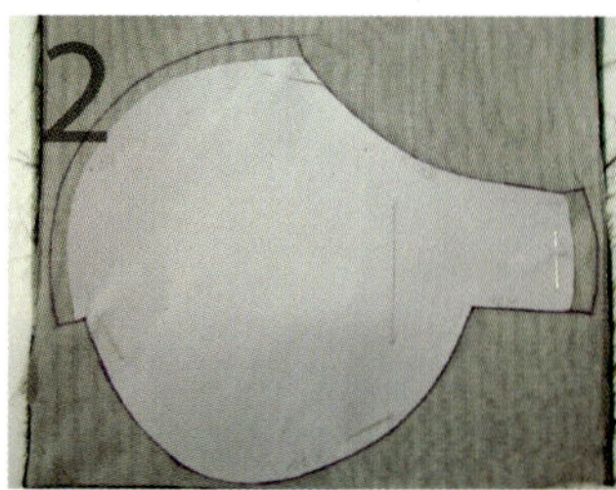

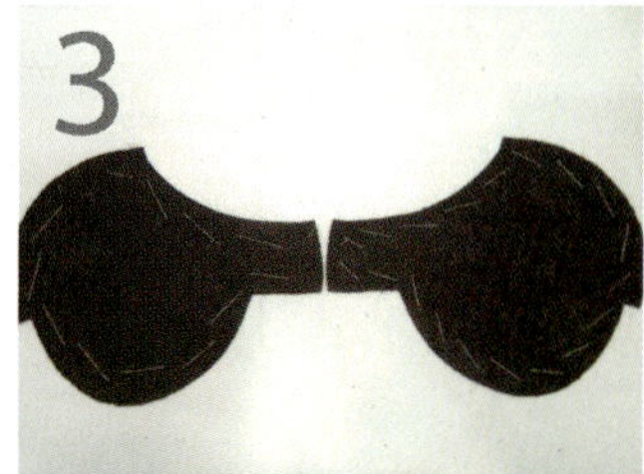

심감 두 장, 겉감 두 장, 안감 두 장 여섯 겹을 한 번에 마름질한다. 이때 주의할 점은 겉감과 안감은 겉을 마주 대고 해야 대칭으로 마름질할 수 있다.

심감 위에 패턴을 식서 방향에 맞추어 올려놓고 이마와 뒷머리에는 시접을 1cm 두고 정수리와 볼선에는 시접을 두지 않고 마름질한다. 여섯 겹을 한꺼번에 자르므로 핀을 충분히 꽂는다.

겉감의 안쪽에 심감을 대고 어슷시침하여 고정한다.

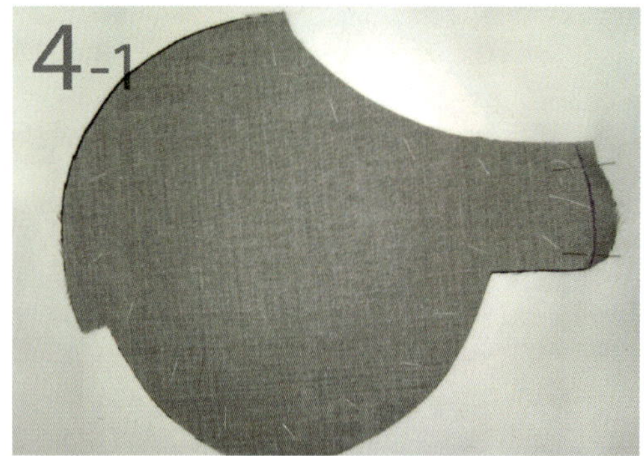

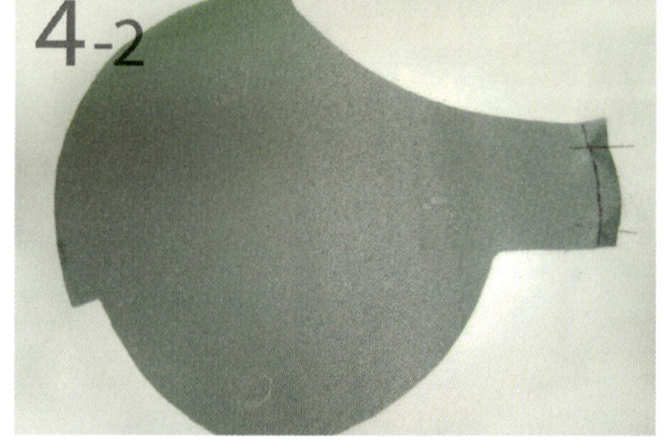

겉감 겉을 마주 대고 시접 1cm를 박음질하고 안감도 안감의 겉을 마주 대고 시접 1cm 박음질한다.

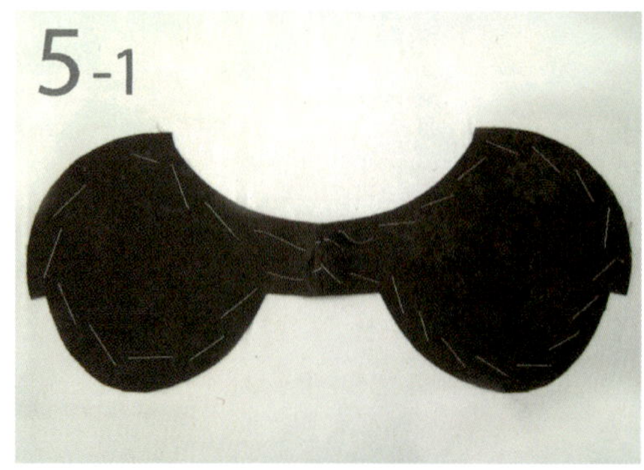

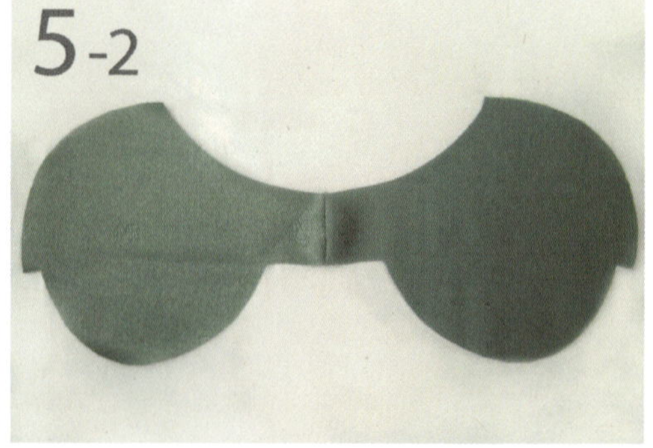

겉감과 안감의 시접은 이마 부분이므로 곡선을 잘 잡아주며 가름솔한다.

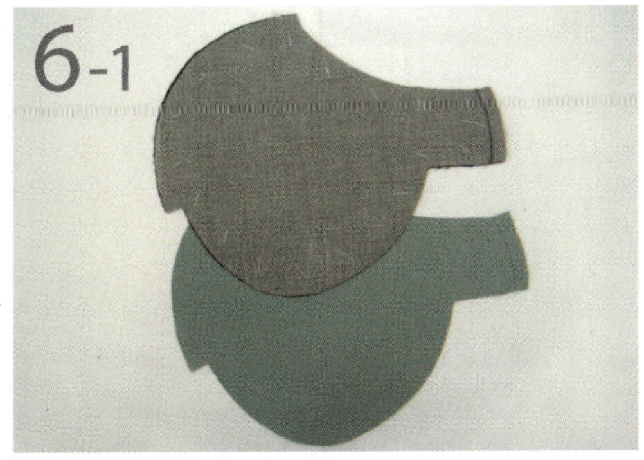
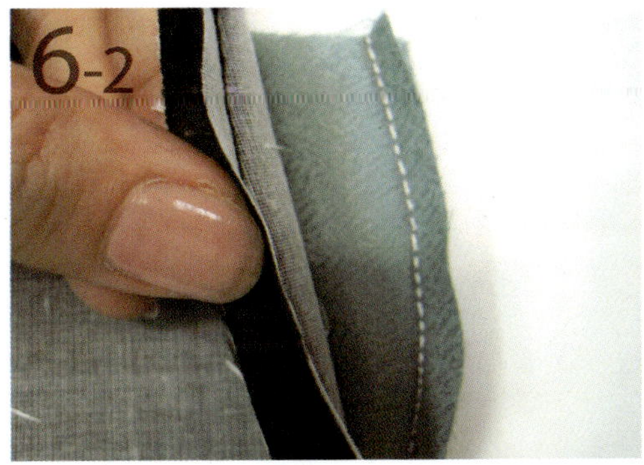

안감의 겉을 마주 대어 접고 겉감의 겉을 마주 대어 접어준다. 안감의 이마솔기와 겉감의 이마솔기를 맞추어 고정시킨다(조바위를 만들 때 가장 많이 헷갈리는 부분이므로 주의해야 한다).

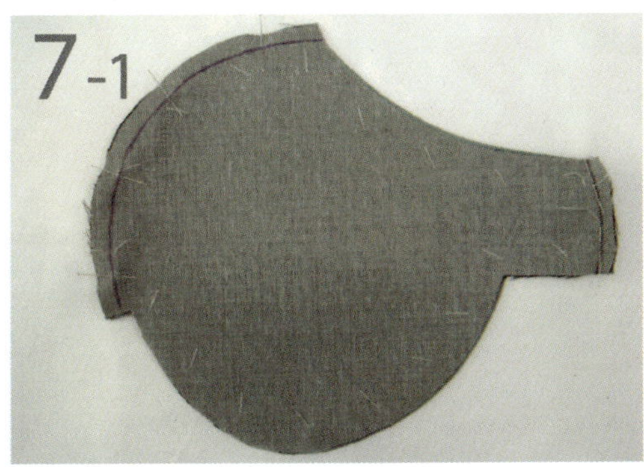
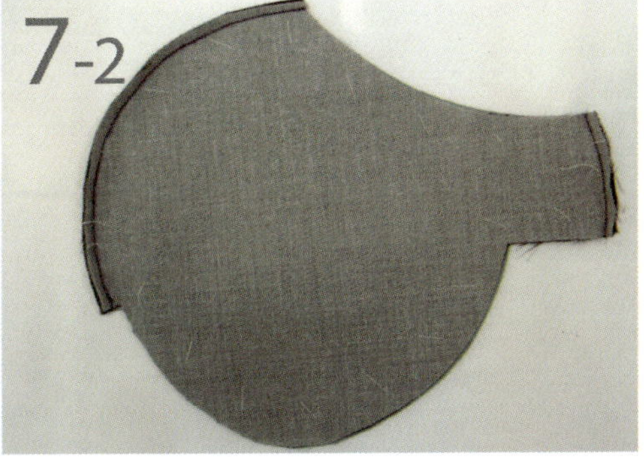

뒷머리 겉감과 안감은 핀으로 고정하고 박음질한다. 시접은 곡선을 따라 다림질한다.

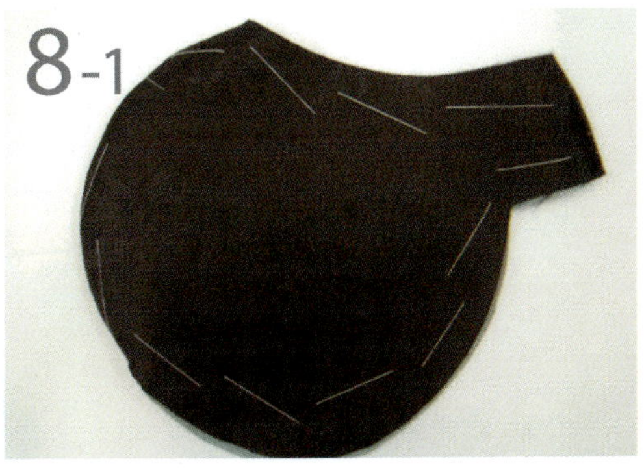

겉감 사이로 뒤집으면 조바위 모양이 나온다. 겉감의 이마와 안감의 이마 부분의 솔기를 시침한다.

정수리와 볼 부분의 겉감과 안감도 시침으로 고정한다. 바이어스는 겉감의 뒤 중심에서 시작해 당기면서 0.5cm로, 너비가 일정하게 박음질한다.

바이어스를 안감으로 넘겨 사이시침을 하고 시접을 접어 공그르기한다. 사이시침은 뜯어내지 않는다.

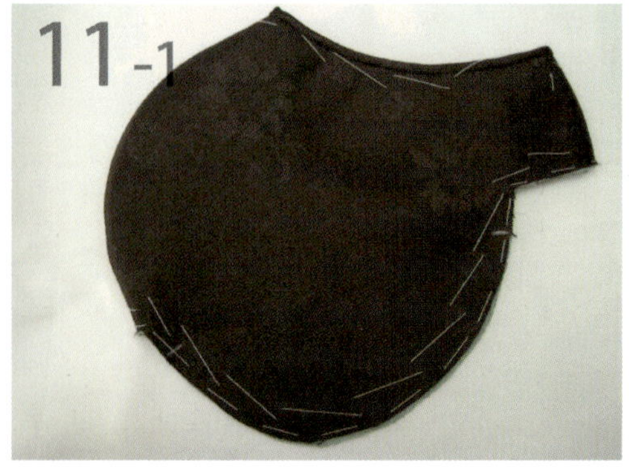

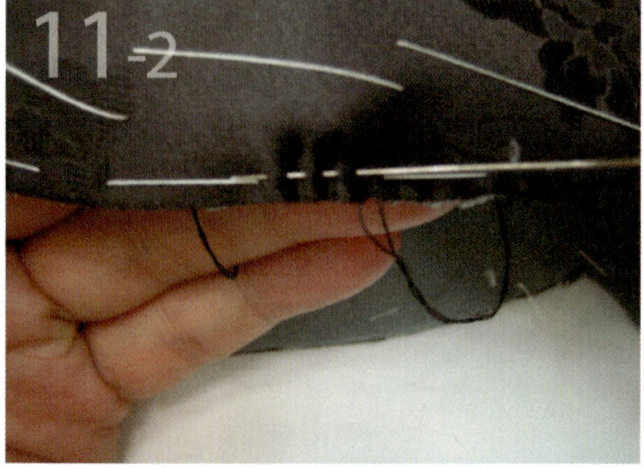

볼의 주름을 잡지 않는 부분 이마의 3cm, 뒤의 2cm를 표시하고 0.3cm 시접을 두고 겉감과 안감을 고운 홈질한다. 실은 두 겹을 사용하고 안감도 같이 바느질이 되고 있는지 반드시 확인한다.

홈질을 양쪽으로 당겨 접어 올리고 가운데 부분이 3cm가 되고 주름이 많이 나오도록 만든다. 반대쪽 볼 부분도 같은 모양이 나오도록 주름을 잡고 주름이 풀리지 않도록 양쪽 끝의 실을 묶어준다.

정수리의 바이어스와 같은 방식으로 바이어스를 박음질
하고 시접을 넘겨 사이시침하고 공그르기를 한다.

이마에는 오봉술을 달고 뒤에는 삼봉술을 달아준다.

 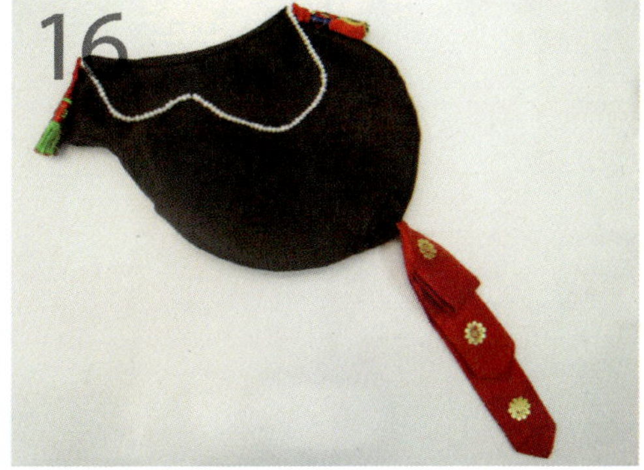

진주는 지름 3mm를 28cm 끼우고 정수리의 3분의 1 지점
에서 3cm 내려 고정을 해준다.

아기들은 머리카락이 없으므로 댕기를 뒤에 달아 주어도
예쁘다.

타래버선

타래버선

은자동아 금자동아
수명장수 부귀동아
칠보천금 보배동이
채색비단 오색동아
천지건곤 일월동아
은을 주면 너를 살까
금을 주면 너를 살까

소중한 아기의 발을 감싸는 버선을 타래버선이라고 합니다. 버선을 신기고 벗기기 편리하게 회목이 늘어나도록 사선 방향으로 절개를 합니다. 이렇듯 편리한 기능뿐만 아니라 누비, 자수, 감침질, 공그르기, 사뜨기 술달기와 같은 모든 바느질과 정성이 들어가지요. 여자 아기는 붉은색 천으로, 남자 아기는 파란색 천으로 대님을 달고 바이어스를 두릅니다. 아기의 무병장수를 기원하는 어머니의 정성이 담겨 있습니다.

· **재료:** 목공단, 숙고사, 견봉사, 지누사, 양초, 자수실
· **마름질:** 목공단 2/3마, 숙고사 82cm×6cm, 바이어스감

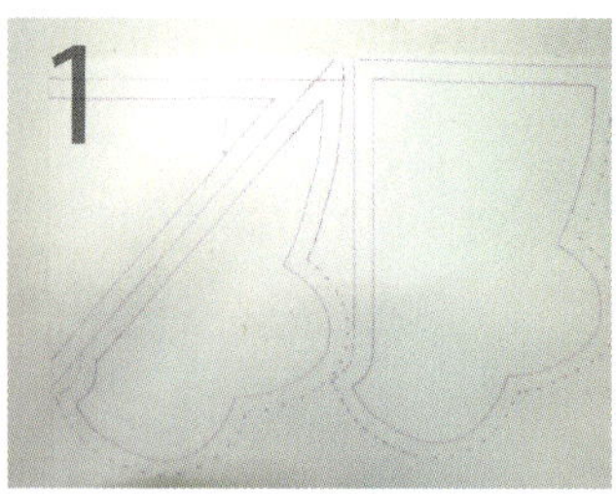

목공단은 겉감이 마주 보게 접고 골선(바느질 선이 없고 옷감을 접은 선을 말함)이 사진과 같이 왼쪽으로 향하게 한다. 버선본을 대고 완성선을 그리고 시접을 1cm로 둔다. 곡선의 시접은 점선으로 표시하였다.

겉감은 신고 벗기기 편하게 바이어스 방향으로 절개하고, 안감은 어른 버선과 같이 마름질한다. 시침핀을 꽂고 마름질을 한다.

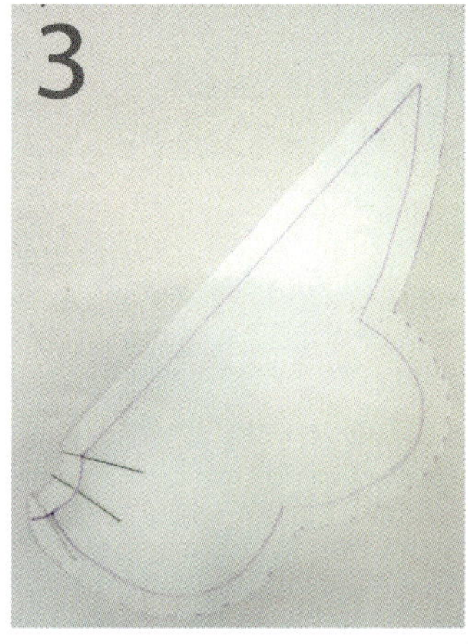

겉감의 버선코의 시접부터 표시선까지만 박음질한다.

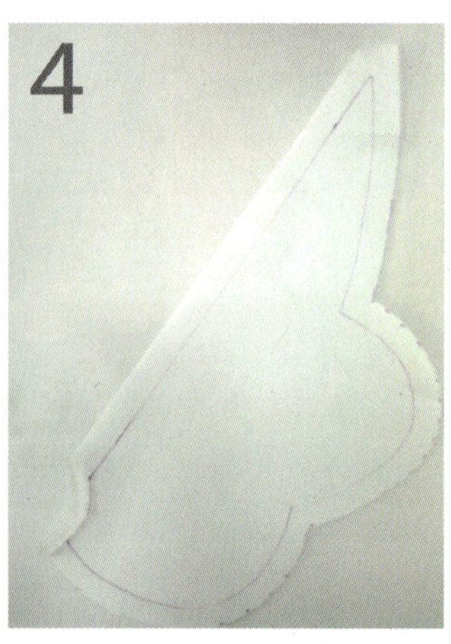

수눅의 시접은 왼발과 오른발이 마주 보도록 다림질한다.

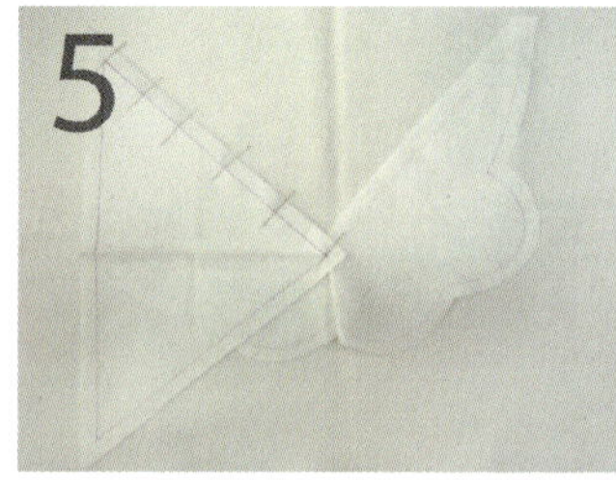

사진과 같이 양쪽 선에 맞추어 박음질을 한다.

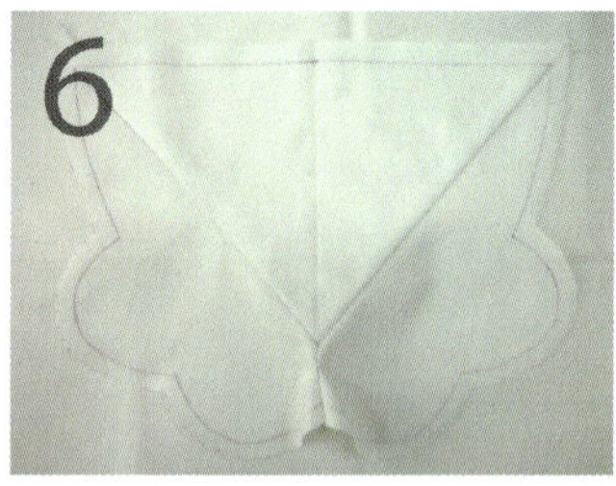

반대쪽도 박음질하도록 한다. 시접은 위를 향하도록 다림질한다.

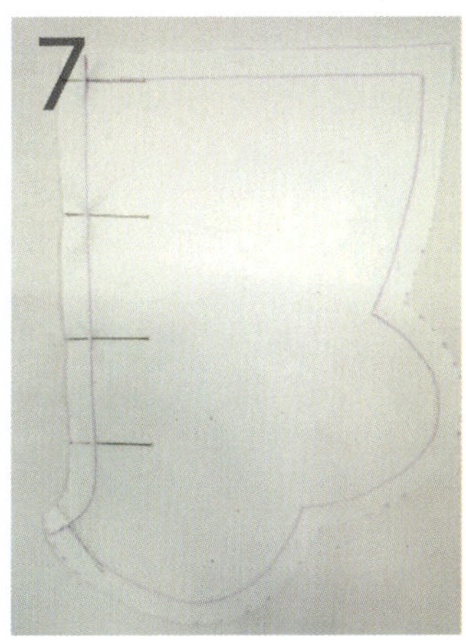

안감은 수눅의 선을 박음질하고 가름
솔한다.

안감의 겉과 겉감의 겉을 마주 대고
겉감이 위로 올라오도록 놓는다. 이
때 버선목을 제외하고 박음질한다.

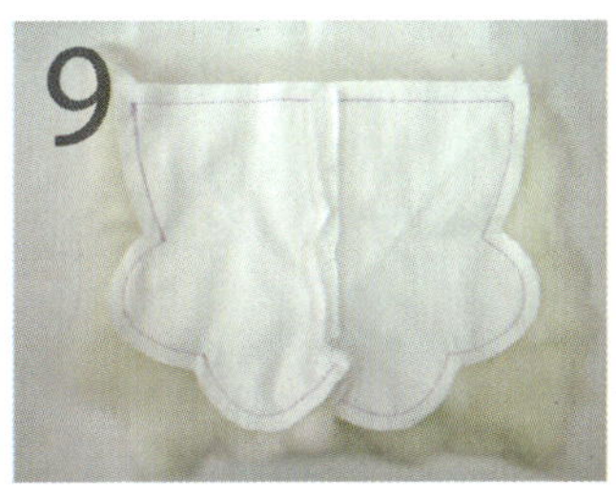

⑧의 겉감 위에 목화솜을 두께가 일
정하도록 잘 펴서 놓고 뒤집어서 안
감이 위로 올라오도록 한다.

겉감과 안감의 박음질 0.2cm 밖에서
솜과 함께 고운 홈질을 한다.

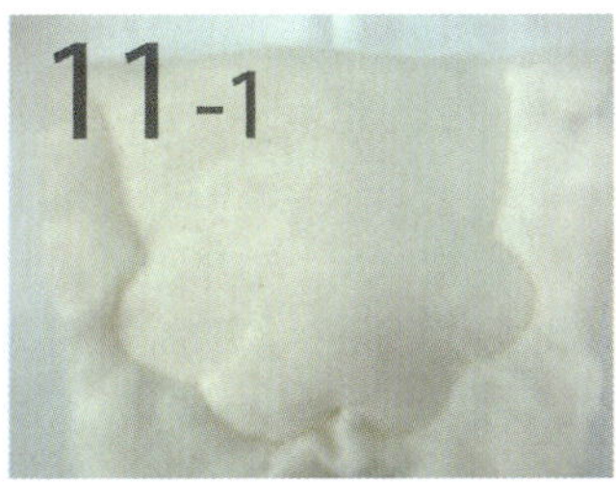

⑩을 다시 뒤집고 왼손으로 홈질 선을 누르고 가장자리의 솜을 뜯어낸다.

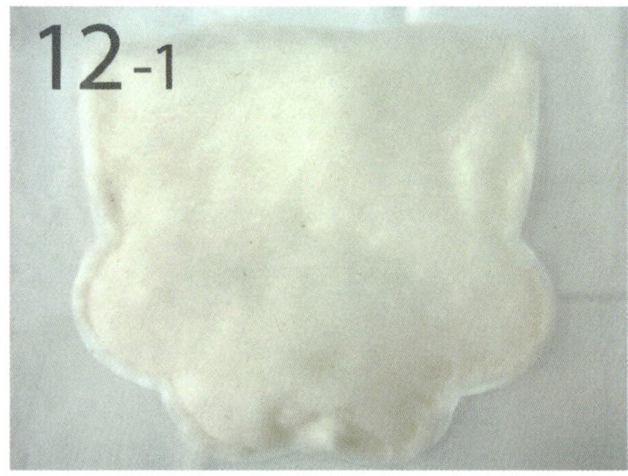 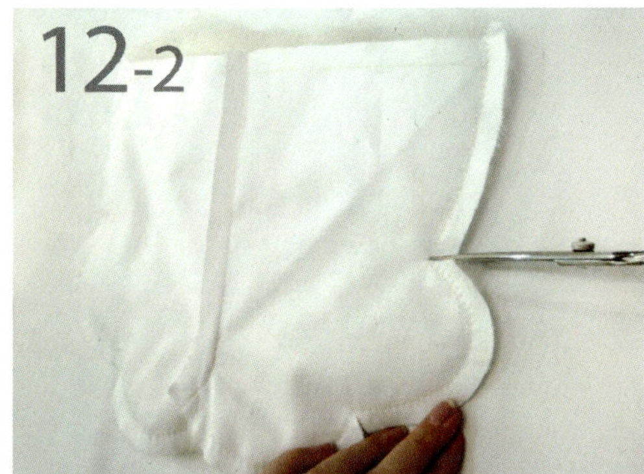

솜을 잘 정리하고 안감이 보이는 방향에서 홈과 뒤꿈치에 가위집을 주고 겉감(솜)으로 접어 다린다.

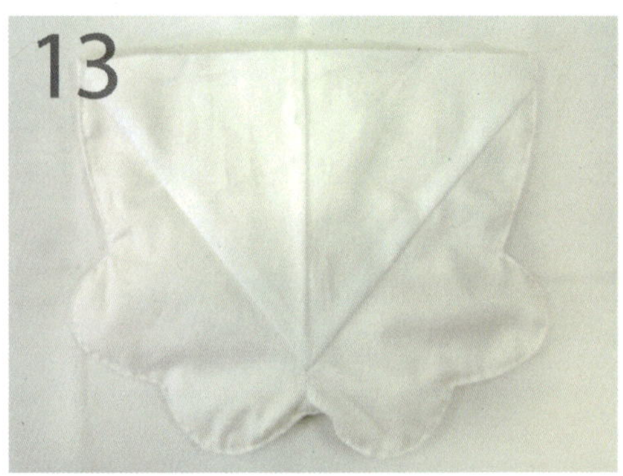

곡선이 매끄럽게 나오도록 가장자리에서 0.2cm를 시침
한다.

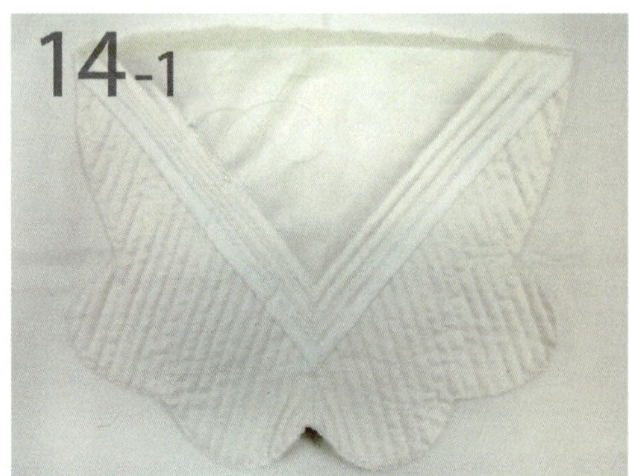 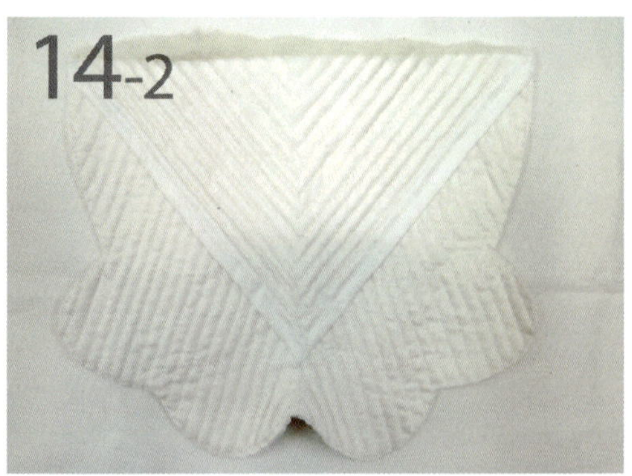

버선코에서 0.7cm 간격을 기화펜으로 누비선 표시하고 초칠한 견봉사를 사용하여 홈질한다. 왼쪽과 오른쪽을 먼저 누
벼주고 버선목 조각의 솔기선에서 0.7cm 간격을 V자 모양으로 누벼준다.

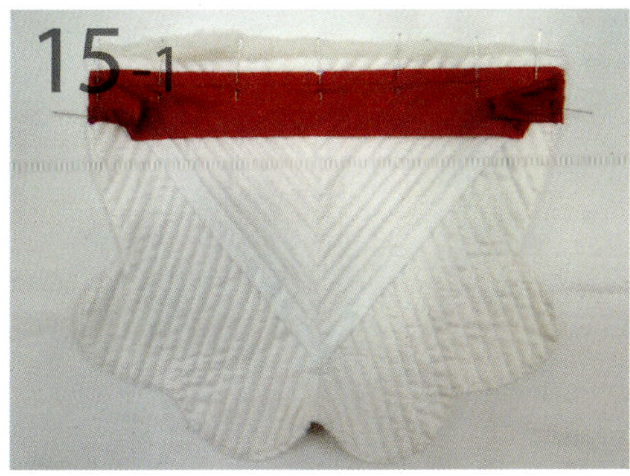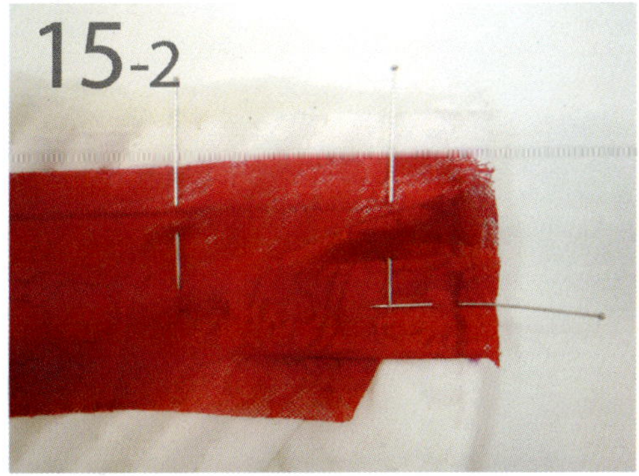

누비는 과정에서 약간 줄어들기 때문에 패턴을 대고 버선목의 선을 다시 그리고 3.5cm 넓이의 바이어스를 댄다. 양쪽 끝 부분의 모서리는 대각선으로 잘 접어주고 아래 2cm 트임의 시접은 접어 올리고 박음질한다.

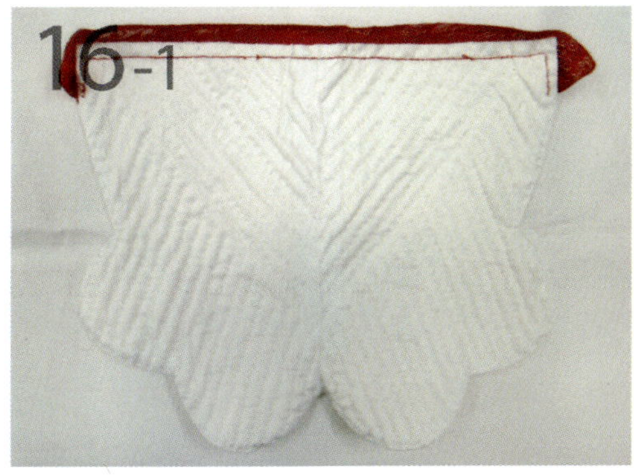

바이어스 시접을 안쪽으로 넘겨 공그르기를 한다.

도안을 그리고 꽃잎은 자련수, 가운데는 씨앗수, 나뭇가지 는 이음수, 나뭇잎은 가름수의 수를 놓는다.

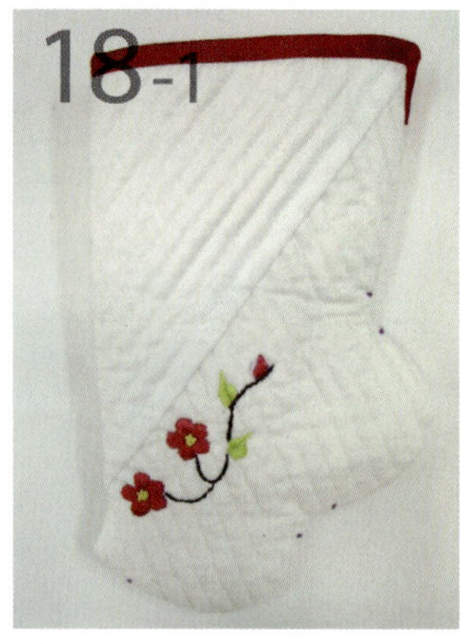  

대님은 길이 82cm 폭 6cm로 마름질
하고, 폭을 접어 박음질하고 창구멍
으로 뒤집는다.

수를 놓고 나서 버선코와 홈, 뒤꿈치에 2cm의 선을 표시하고 사뜨기를 한다.

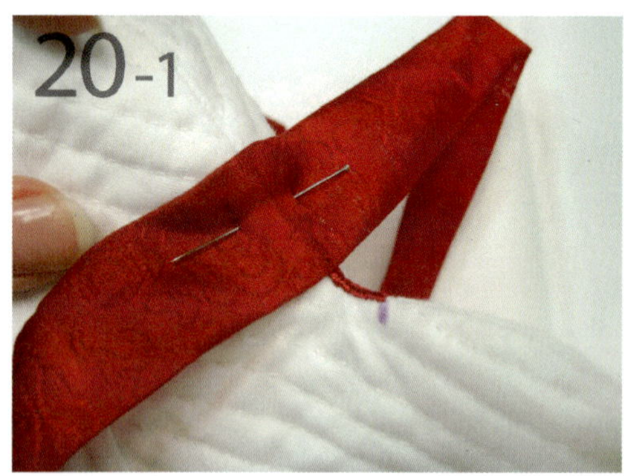 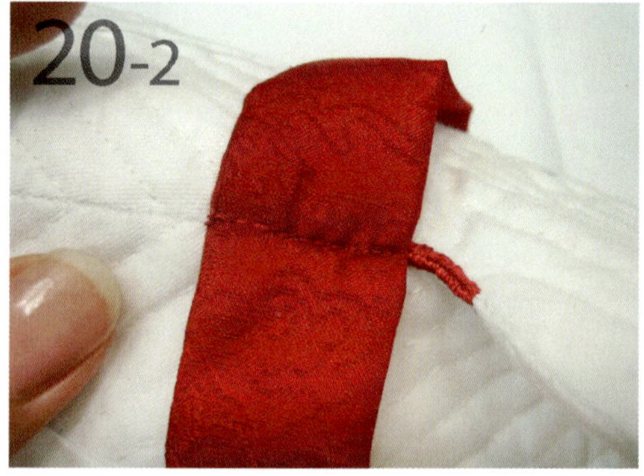

대님은 솔기를 위로 두고 길이의 가운데를 뒤꿈치에 대어 핀으로 고정하고 박음질한다.

버선코에 술을 달아준다.

한복인형

조각보의 한 땀 한 땀은 공들인 대상이 초복(招福, 복을 불
러들임)의 매체가 되는 일종의 치성행위로 믿어왔습니다.
또한 이렇게 정성을 들인 보자기에 물건을 싸두는 것이 곧
'복을 싸둔다'는 뜻으로 받아들여졌습니다. 자손이 번성하
기를 바라는 마음으로 정성껏 치성을 드리고 복을 빌고, 그
복을 담아 고이 간직했더니 귀한 아기씨가 태어났습니다.

· **재료:** T/C 30cm, 망사(페티코트), 양단(치맛감 반마), 저고릿감(양단 1/4마), 가슴 스펀지 2개, 폴리에스테르 솜, 머리용 실, 장신구

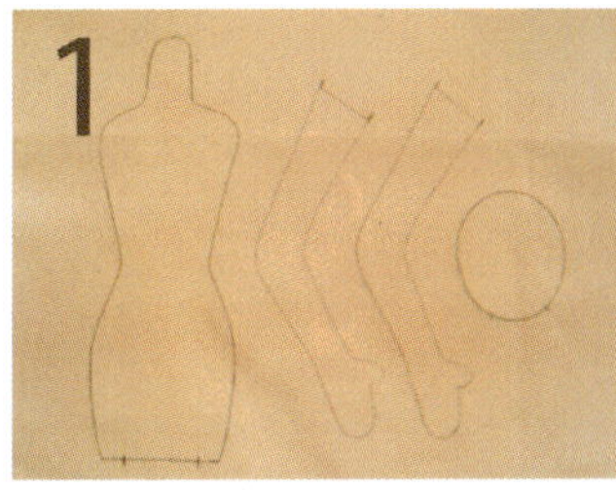

피부색을 표현하기 위해 살색 T/C를 사용한다. T/C를 반으로 접고 몸판, 팔 두 개, 머리를 얇은 펜을 이용하여 그린다. 몸판은 창구멍을 아래로, 팔은 위로, 머리는 아래로 창구멍을 내고 짙게 표시한다.

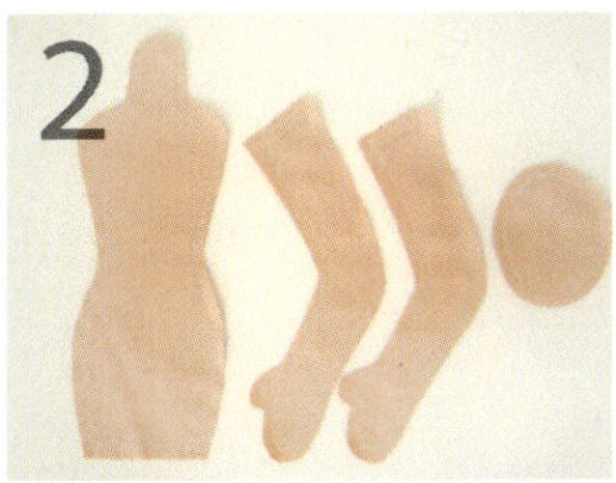

그린 선은 정확하게 작은 땀수로 튼튼히 박음질하고 시접은 0.5cm로, 창구멍은 0.7cm로 조금 넓게 둔다. 목 옆 부분과 손가락은 가위집을 준다.

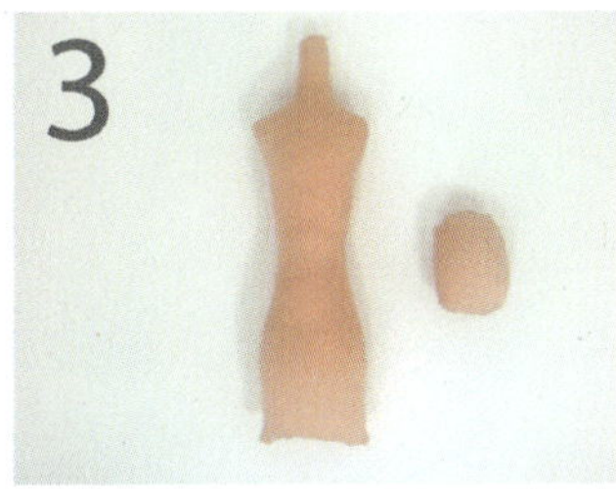

창구멍으로 뒤집고 겸자를 이용하여 솜을 꽉 채워 넣는다. 목 부분은 머리를 지탱해야 하기 때문에 솜이 충분히 들어가야 한다. 솜을 채워 넣고 몸판과 머리의 창구멍은 감침질로 막는다.

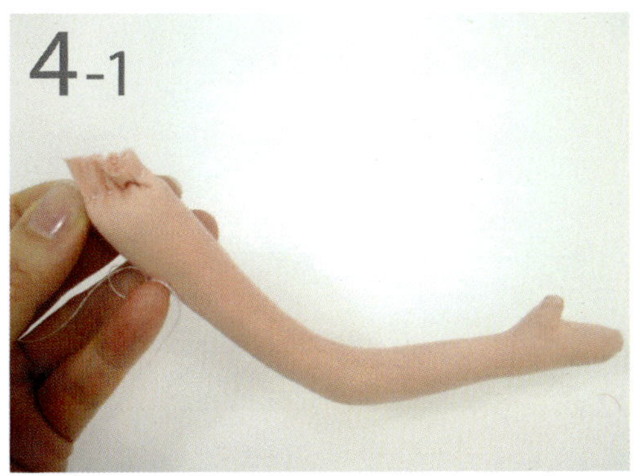

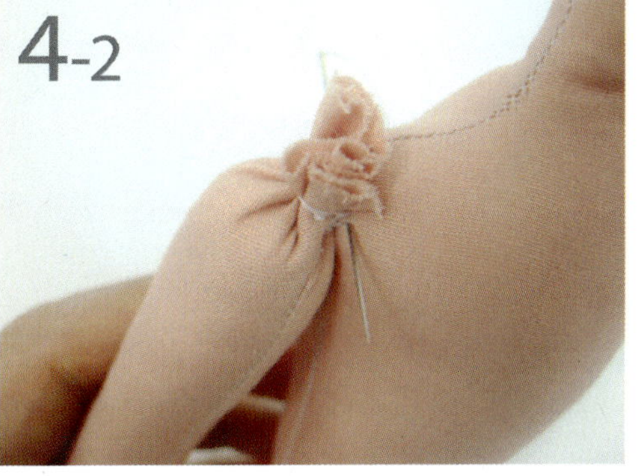

손가락 부분도 솜을 먼저 채워 넣는다. 팔의 창구멍은 실을 두 겹으로 홈질해서 오그리고 팔을 반 뜨고 몸판에 고정하여 다섯 번 돌려뜨기한다.

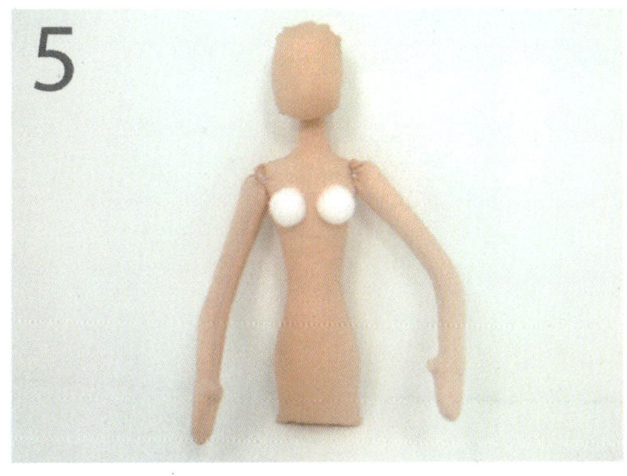

머리는 창구멍을 머리카락으로 가릴 수 있도록 정수리 쪽으로 두고 목에 고정한다. 팔을 달듯이 머리 먼저 뜨고 목을 떠서 다섯 번 돌려뜨기한다. 어깨의 시접은 조금 잘라낸다. 가슴 스펀지 볼을 반으로 잘라서 글루건을 이용해 달아준다.

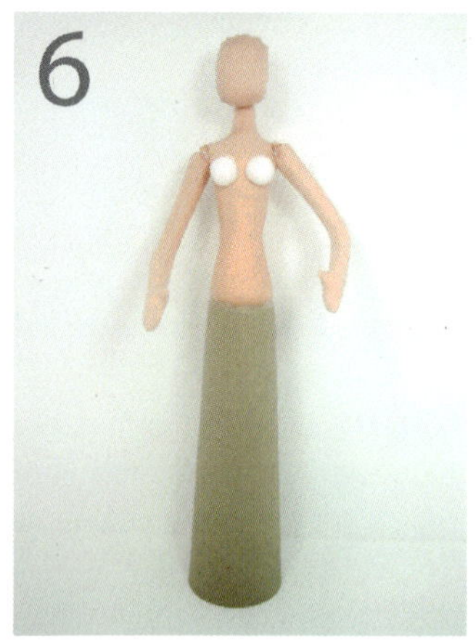

지관에 몸판을 끼우고 글루건으로 고
정한다.

인형을 완성하고 페티코트를 입힌다.
페티코트는 길이 22cm, 폭 75cm로
마름질하여 반을 접어 박음질하고 윗
부분은 홈질하여 오그려서 허리선에
반박음질로 고정한다.

치마를 37cm 길이로 만들어 홈질하
여 오므리고 반박음질로 달아준다.

저고리를 입힌다.

머리 모양을 갖추고, 마지막 단계에 눈을 그려주고, 배씨
댕기를 달아준다.

第5章

아 씨

작 품 세 상

한복인형

연잎 잔 받침과 매트

사각 바늘방석과 실패

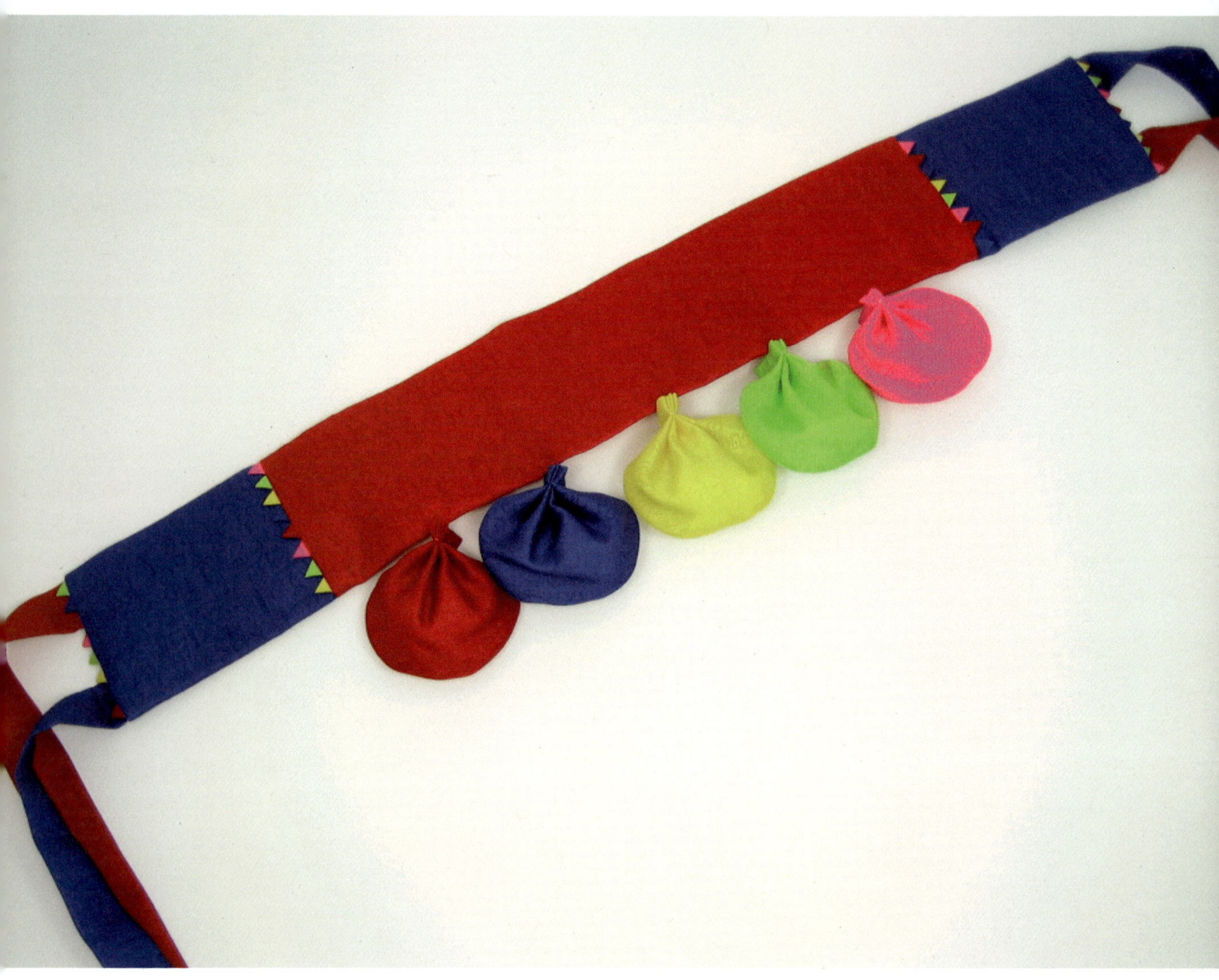

돌띠

배냇저고리

기러기보

술병주머니

숙고사발

바늘꽂이 모음

버선본집과 인두방석

베개 마구리

실패

가위집

인두집과 인두방석

인두판

고추노리개

양단 두루주머니와 귀주머니

오방 두루주머니와 귀주머니

아얌

풍차

노리개보

사선양단보

조각보와 타래버선 미니어처

사각 바늘방석, 원형 바늘방석, 다기보 미니어처 휴대전화 고리

참고문헌

강순제 외 3인(2012), 우리 옷감이야기 103, 교문사.

김은경·박인자(2011), 옛 바느질 이야기, 교학연구사.

김은영(2009), 매듭 만들기, 미진사.

김정호·이미석(2005), 천연염색과 규방공예.

김지영·김문진(2000), 규방공예, 컬처라인.

김현희(2000), 보자기, 한국문화재보호재단.

    (2009), 아름다운 우리 전통 보자기 만들기, 미진사.

변인자(2010), 규방공예.

백영자·최해율(1993), 한국의 복식 문화, 경춘사.

송명견(2012), 옷, 벗기고 보니, 이담북스.

이정수(2006), 조각보의 분석적 연구, 동덕여자대학교 박사학위 논문.

이정혜(2011), 규방공예-한 땀의 여유-, 팜파스.

임상임·안명숙(2006), 전통매듭공예, 교문사.

임영주(2004), 한국의 전통 문양, 대원사.

조주상(2004), 우리 규방이야기, 시와연.

허동화(1997), 우리 규방 문화, 현암사.

본 첨부

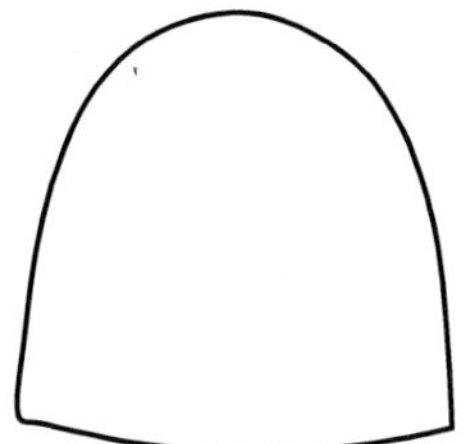

▲ 골무

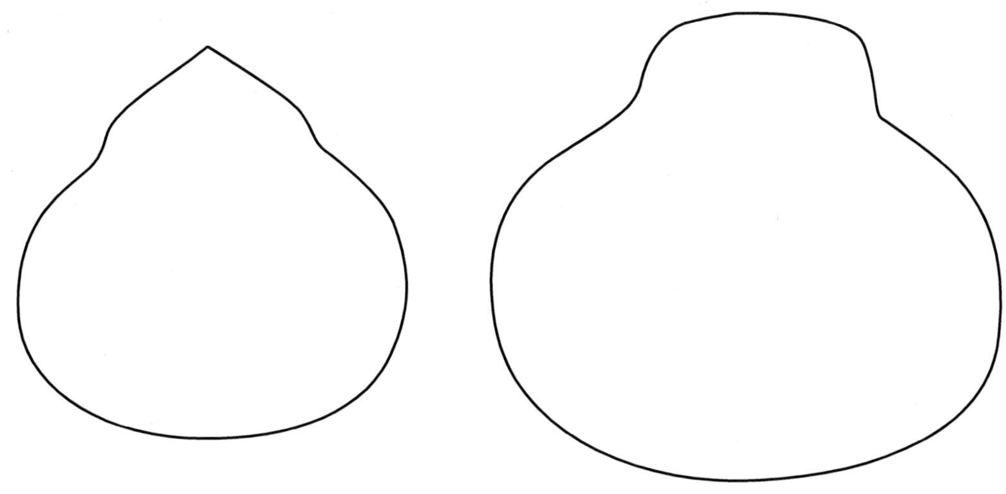

▲ 2단 바늘겨레

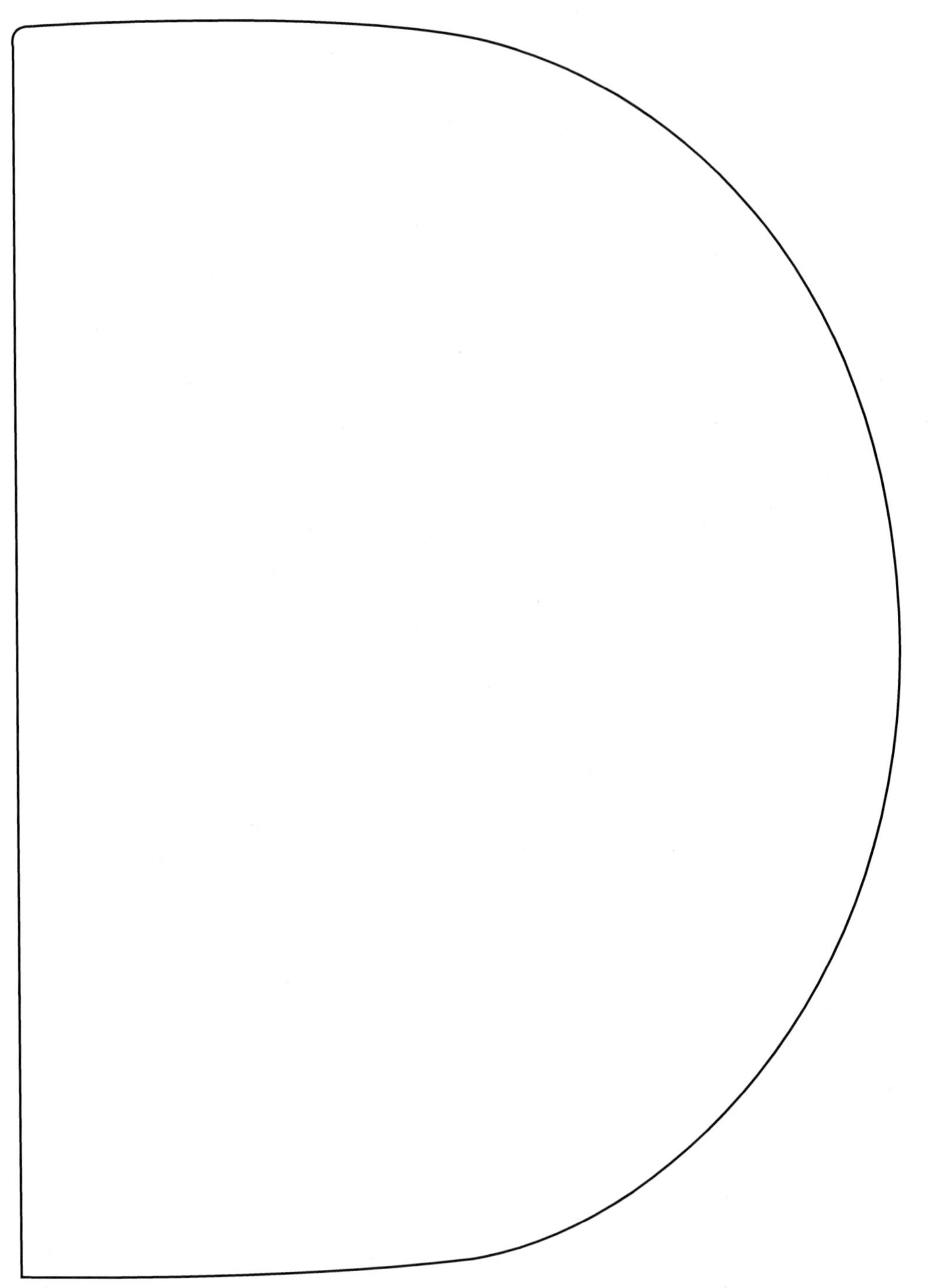

▲ 두루주머니

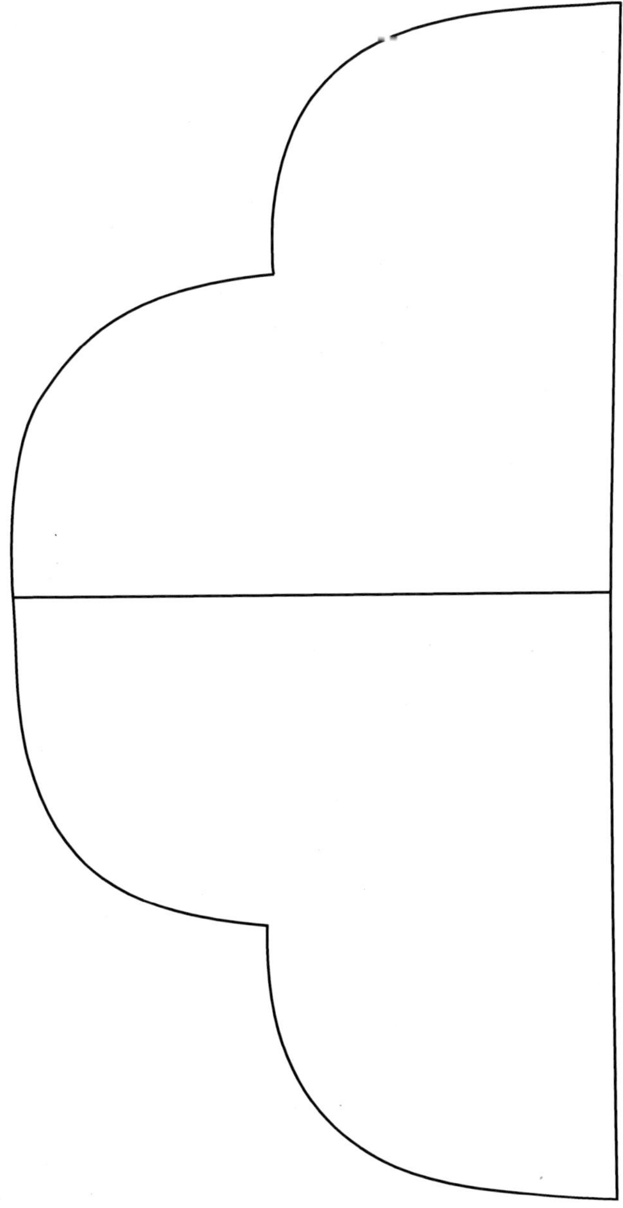

▲ 귀주머니

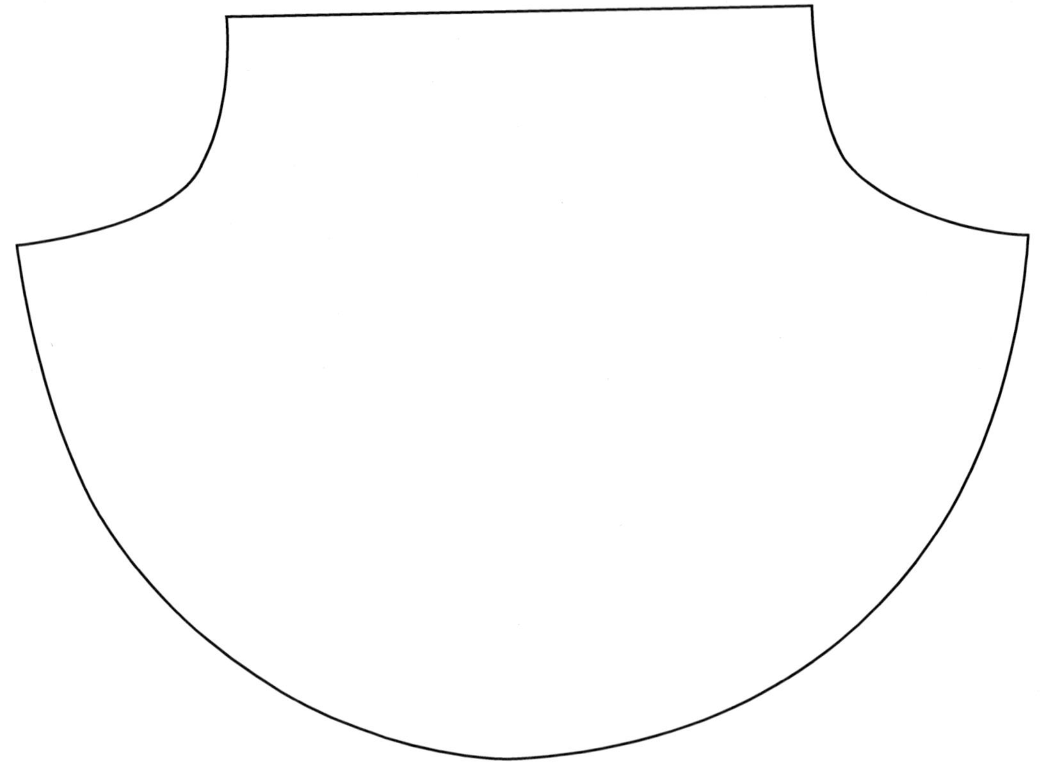

▲ 강릉주머니

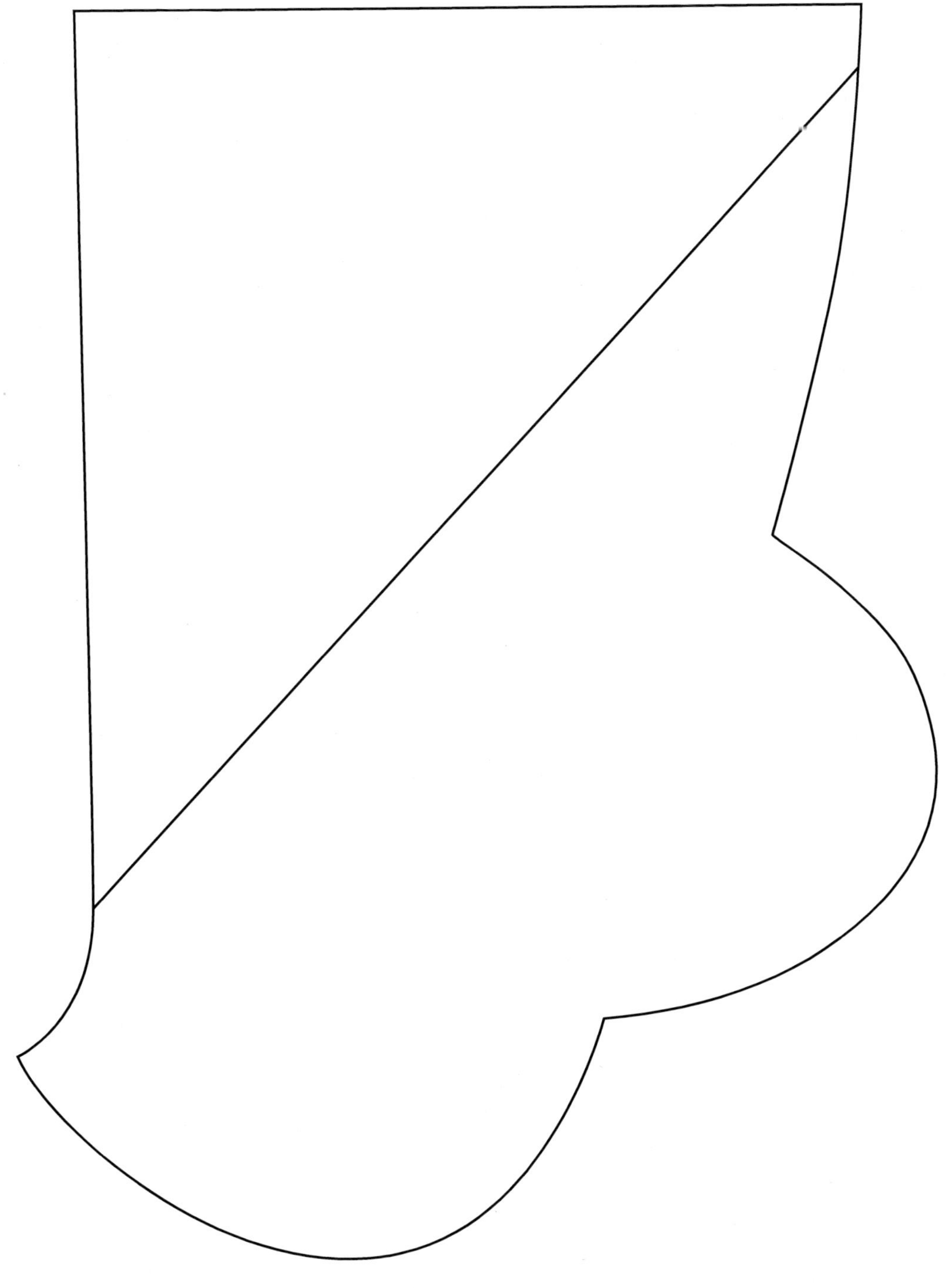

▲ 타래버선

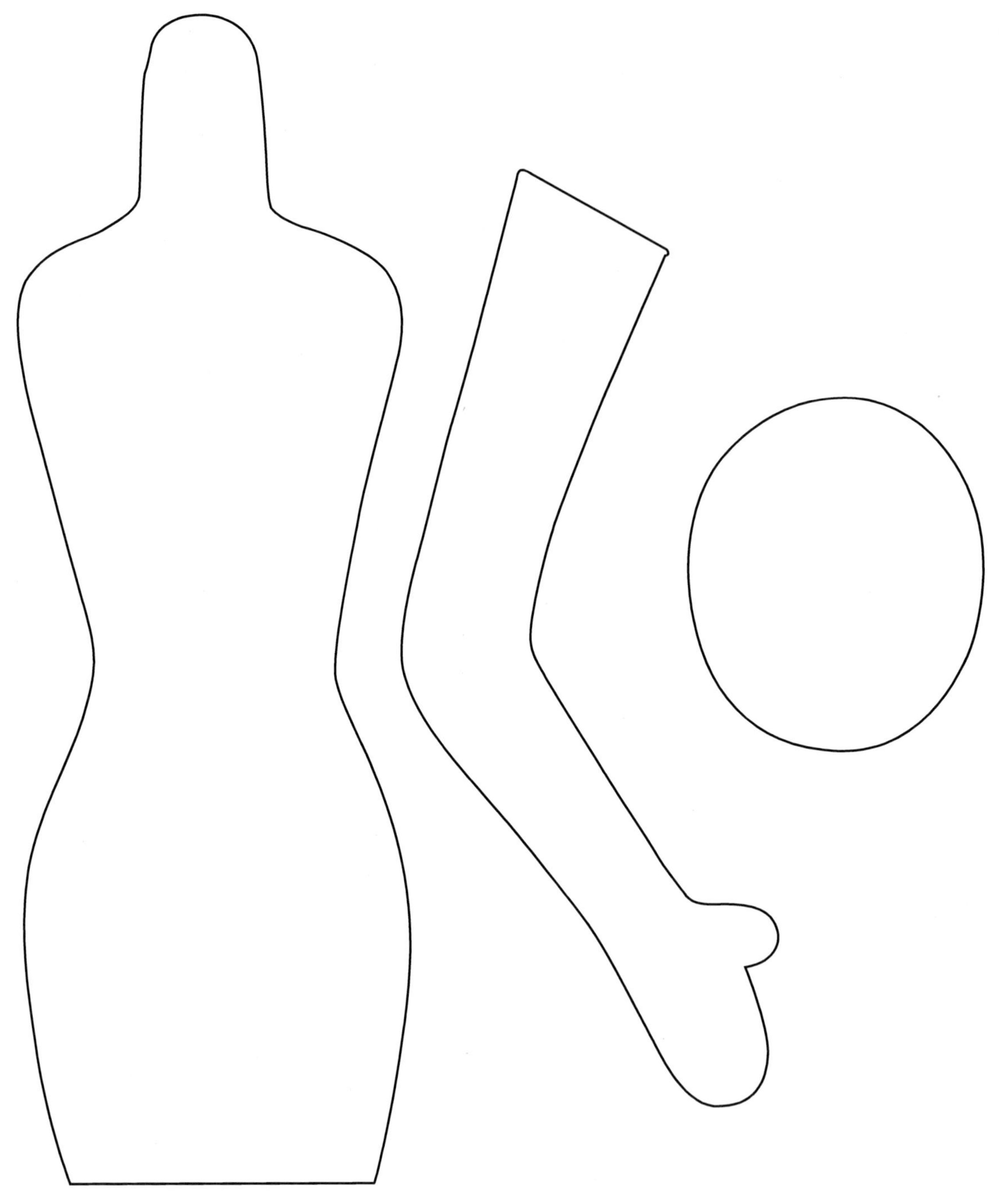

▲ 한복인형

저자 약력

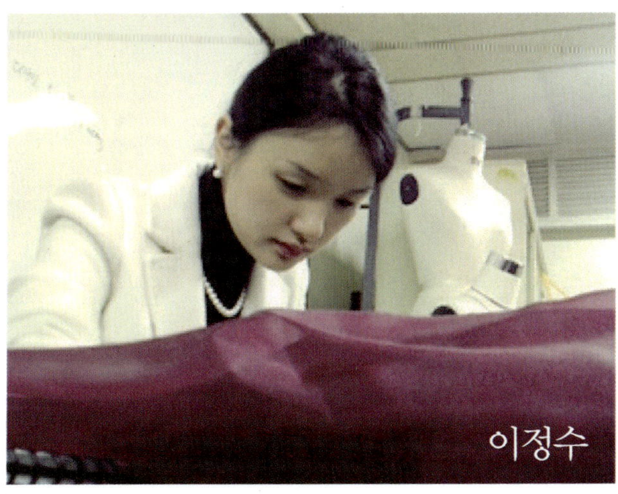

동덕여자대학교 디자인대학원 석사

동덕여자대학교 패션전문대학원 박사

동덕여자대학교 의상디자인학과, 대학원 강의

국립한경대학교 의류산업학과 강의

서원대학교 의류직물학과 강의

동서울대학교 의상디자인학과 강의

한국산업디자인학원 − 퓨전한복 강의

초전박물관 '패치워크&퀼팅' 과정 수료

한국 무형문화재 전수회관 '조각보&자수' 과정 수료

제3회 청주공예문화상품대전 섬유부문 금상

제6회 부산매일신문사 주최 전국 우리옷 공모전 장려상

한국복식학회 KOSCO전 전시

한국의류학회 「조각보의 면분할과 테셀레이션 비교연구」 논문 발표 및 게재

한국의류학회 「조각보의 선분할과 황금비 및 금강비례 비교연구」 논문 발표 및 게재

한국 의류학회 조각보의 색분석 포스터 발표

한국궁중복식연구원 주최 북경패션쇼 참가

한복기능사

전통매듭3급 공예기능사

현) 다올의상전문학원 전통한복, 미니어처 한복, 규방섬유장신구 강사

규방,
손끝의 아름다움

초판발행   2013년 8월 26일
초판 4쇄   2019년 1월 11일

지은이   이정수
펴낸이   채종준
기 획   이혜지
편 집   한지은
마케팅   송대호
디자인   김혜림
펴낸곳   한국학술정보(주)
주 소   경기도 파주시 회동길 230 (문발동 513-5)
전 화   031) 908-3181(대표)
팩 스   031) 908-3189
홈페이지   http://ebook.kstudy.com
E-mail   출판사업부 publish@kstudy.com
등 록   제일산-115호(2000.6.19)

ISBN   978-89-268-4574-5 13630 (Paper Book)
        978-89-268-4575-2 15630 (e-Book)